HISTOIRE DU PÉRIGORD

PÉRIGUEUX. — IMPRIMERIE R. DELAGE ET D. JOUCLA.

HISTOIRE
DU PÉRIGORD

PAR

Léon DESSALLES

TOME III

PÉRIGUEUX

R. DELAGE ET D. JOUCLA, ÉDITEURS, ROUTE DE BORDEAUX

1885

HISTOIRE DU PÉRIGORD

LIVRE VII

CHAPITRE II

PÉRIGUEUX. — Pour la première fois, Louis XI s'occupa du Périgord, à l'occasion de l'hommage et serment de fidélité que devait lui prêter la ville de Périgueux. Nous avons des lettres du 16 octobre 1461, par lesquelles le lieutenant du sénéchal rédima les privilèges, franchises et libertés de cette ville qui furent présentés à Jean Bâtard d'Armagnac, maréchal de France, chargé par ce roi de recevoir cet hommage et ce serment de fidélité, et qu'il reçut en effet à Bordeaux, le 15 novembre suivant (1). Ce fut pendant que la municipalité de cette ville se mettait en mesure de justifier des droits dont elle avait toujours joui, que ce roi, avant de s'être éclairé sur la nature de ces droits, et par le seul fait de sa volonté, nomma maire de la capitale du Périgord, Pierre d'Acigné, sénéchal de Périgueux, qui, sans doute, avait sollicité cet acte d'autorité. Le maire, les consuls et la ville entière ayant protesté, le roi leur écrivit : « Chers et bien amez, pour consideration des grans, loables » et recommandables services que nostre cher et bien amé varlet » tranchant, Pierre d'Acigné, nous a fay par longtemps et fait » encors chacun jour, nous lui avons puis naguères donné l'office » de séneschal de Périgort, et oultre lui avions accordé l'office de

(1) Rec. de titres, etc., p. 483 et 483.

» maire de Périgueux, lequel, comme nous avons entendu, n'est » pas à nostre disposition ; mais y avez accoustumé de pourveoir » par ci-devant, et pour ce que nous désirons singulièrement la » provision dud. Pierre d'Acigné, en faveur desd. services qu'il » nous a faiz, nous vous prions très affectueusement qu'en faveur » de nous et de nostre première requeste, vous veuillez faire » ordonner et créer led. Pierre d'Acigné vostre maire en lad. ville » de Périgueux et le faire joir des honneurs, droits et prérogatives » qui y appartiennent et en ce l'avoir pour spécialement recom- » mandé ; en quoi faisant vous nos ferez très singulier et agréable » plaisir, et, en vos affaires vous en aurons en plus grande recom- » mandation. Donné à Amboise le 27 octobre (1). »

Il était difficile d'être plus insinuant et plus impérieux. La ville déféra-t-elle à cette injonction ? je n'ai pu le découvrir (2). Il ne reste pas dans les archives du Périgord, le moindre document sur cet intéressant sujet.

MONTCUQ. — Les seigneurs d'Albret étant rentrés en possession de la terre et du château de Montcuq, Charles d'Albret en fit hommage à Louis XI, en 1461 (3).

BEAUMONT ET BERGERAC. — C'est également en 1461 que furent confirmés les privilèges de Beaumont et de Bergerac (4).

JACQUES DE PONS Ier ET SON FILS GUI. — Jacques de Pons Ier, vicomte de Turenne, seigneur de Ribeyrac, de Montfort, etc., s'était rendu célèbre par ses hauts faits et son dévouement à la France ; mais il avait des ennemis puissants dans les Coëtivy, dont l'un était amiral, et l'autre seigneur de Taillebourg. Comme je l'ai rapporté, ils trouvèrent le moyen de faire rendre, contre lui (1449), un arrêt du Parlement de Paris qui le déclarait coupable de lèse-majesté, confisquait ses biens et le bannissait à perpétuité. Réfugié en

(1) Rec. de titres, etc., p. 495. S'il fallait s'en rapporter au mémoire sur la constitution politique de la ville et cité de Périgueux, d'Acigné aurait été nommé maire par les habitants ; mais rien ne le prouve.

(2) S'il fallait s'en rapporter aux nomenclatures des maires de Périgueux, Front de Saint-Astier, qu'elles appellent Fourtou ou Fortanier, aurait été maire cette année-là ; mais cela mérite confirmation.

(3) Archiv. nat., ch. des comptes. Languedoc, p. 129.

(4) Ibid. Reg. du tr. des ch., coté 198, p. 87 et 266.

Espagne, Pons y resta jusqu'en 1461. L'injustice des accusations portées contre lui ayant été reconnue, il fut réintégré dans ses biens, à l'avènement de Louis XI. La restitution lui en fut faite à l'occasion du mariage de son fils Gui (3 novembre 1461). Il est dit dans les lettres relatives à cette restitution qu'on rachètera les terres de Montfort, Carlux et Aillac, ainsi que d'autres, en Quercy, pour en faire don à la demoiselle du Lau, future épouse de Gui. Le surlendemain, Jacques fit hommage au roi de la seigneurie de *Pons*, de celle de *Plassac*, etc., du vicomté de *Turenne*, des terres, châtellenies et seigneuries de Ribeyrac, Bergerac, Montfort, Aillac, Carlux, etc (1).

1462. — Dome. — Confirmation des privilèges de Dôme. Les lettres patentes portent que le Mont-de-Dôme jouira de tous les droits dont il jouissait avant d'être pris par les Anglais (2).

Bergerac. — Le procès suscité à l'occasion de la seigneurie de Bergerac, n'était pas abandonné après plus d'un siècle. En 1492, des lettres de Louis XI, contenant défaut contre Jacques et Gui de Pons, reconnaissent les droits du vicomte de Limoges sur la seigneurie de Bergerac, comme dépendance du comte de Périgord (3).

Collège de Périgord. — L'acte de fondation du collège de Périgord, à Toulouse, porte qu'après la mort du cardinal de Périgord, le comte de Périgord, quel qu'il soit, fera les présentations ; cependant, en 1462, le prieur et les autres membres de ce collège cherchaient à s'approprier ce droit que les tuteurs de Françoise de Bretagne, héritière du comté, réclamaient pour elle, et pour la conservation desquels ils eurent recours à la justice (4).

1463. — Villefranche-de-Périgord. — Villefranche-de-Périgord avait perdu ses franchises et privilèges pendant les guerres avec les Anglais. Les lettres qui les contenaient avaient été détruites. Au mois de juin 1463, Louis XI confirma ces privilèges et franchises

(1) Ibid., reg. du tr. des ch., coté 198, p. 87 et 266 et J. 866.

(2) Ibid., reg. du tr. des ch., coté 199, p. 342.

(3) Arch. de Pau, 3e inv. prép., P. et L., l. 520, 2me part., no 41.

(4) Ibid., ibid., l. 501, no 16.

dont jouissaient aussi *Loubejac*, *Saint-Cernin-de-l'Erme*, *Mazeirolles*, *Latrape*, *Prats-de-Belrès* et *Saint-Etienne-des-Landes* (1).

PÉRIGUEUX. — En août, Périgueux fut atteint de maladies épidémiques. La mortalité dura depuis le mois d'août jusques à Pâques de l'année suivante. Pendant ce temps, la cour du roi se tenait à Brantôme, et celle de l'official à Agonac (2).

COMTE DE PÉRIGORD. — La jeune comtesse de Périgord fit hommage au roi de son comté, le 26 août (3).

1464. — GUI DE PONS. — J'ai raconté plus haut les malheurs de Jacques de Pons, d'après des lettres de Louis XI. Le récit de ces malheurs est annexé à une réclamation de Gui de Pons, fils de Jacques. Cette réclamation avait pour but d'obtenir que Gui pût rentrer dans les domaines aliénés par son père, quoique l'an et jour accordé pour le retrait féodal fussent passés depuis longtemps. Les raisons fournies par Gui étaient l'absence forcée de ce seigneur du royaume de France, pendant qu'avait vécu Charles VII ; l'impossibilité où il avait été d'user du retrait féodal durant cette absence, les procès injustes qui lui avaient été suscités, la confiscation de ses meilleurs domaines, par suite de ces procès, et sa ruine qui en avait été la conséquence. Faisant droit à cette réclamation, Louis XI, en 1464, l'autorisa à user du retrait féodal, parce qu'en montant sur le trône, il avait réhabilité Jacques, qui n'avait pas pu y avoir recours (4).

AURIAC. — Le droit du commun était un impôt chaque jour plus insupportable, et auquel on cherchait à se soustraire. Les habitants d'Auriac, prétendaient n'y être pas soumis. Une enquête fut ordonnée en 1464 (5) et le procès n'était pas encore fini en 1466.

PÉRIGUEUX. — Le livre jaune des archives de Périgueux (fol. 19), rapporte le fait suivant, sur lequel je n'ai trouvé ailleurs aucun détail :

« Cette année (1464), le Parlement fut tenu dans la présente ville,

(1) Arch. nat., reg. du tr. des ch., coté 199, p. 335.

(2) Arch. de Périgueux, liv. jaune fol. 17, r°.

(3) Arch. de Pau, 3e inv., prép., P. et L., l. 680, n° 44.

(4) Arch. de Pau, 2e inv., prép., P. et L., l. 82, n° 17.

(5) Arch. de P., 3e inv., prép. P. et L., l. 520, 2e p., n° 57 et 495 n° 32.

» depuis la fête de Saint-Martin-d'Hiver, jusqu'à la fête de la puri» fication de la vierge (2 février), et siégeaient : monsieur Jean » Tricard, comme président ; messieurs Jean Avril, Jacques Loup, » Pierre Goujon, comme conseillers ecclésiastiques ; Pierre Pelard, » Henri de Feranches, Jean de Chassanches et Pierre Raphael, » comme conseillers laïques ; Jean Barmondet, comme avocat ; » Etienne Maleret, comme procureur du roi. Et, dans le cours de » cette année, de grands biens se répandirent sur la présente ville » et ailleurs ; de quoi nous rendons grâce à Dieu, à sa mère, à Saint» Front, notre patron, et aux autres saints. »

LESTRADE ET LOSTANGES. — Léonard de Lestrade rendit hommage au comte de Périgord pour différents domaines à Excideuil ; Aimard de Lostanges en fit autant pour la seigneurie de Sainte-Alvère, pour ce qu'il possédait dans la châtellenie de Vergn et pour Montpaon et Chalus-Cherval (1).

MONNAIES. — En 1467, Louis XI fit un réglement sur les monnaies, dont le dispositif laisse parfaitement comprendre combien profonde était la perturbation dans le pays : « Plusieurs, y est-il dit, se sont » ingérez et ingèrent de jour en jour de faire choses indues....... » en prenant monnaies estranges et leur donnant cours plus que » faire ne doivent ; et, pour ce que ces choses sont grandement » préjudiciables à nous et à la chose publique,..... avons ordonné » que nos amez et feaulx les généraulx, maistres de nosd. monnoyes » se transportent diligemment en plusieurs et divers lieux de nostre » royaume, pour nos ordonnances anciennes et nouvelles faire en» tretenir et garder, et diligemment eulx informer des délinquans et » transgresseurs et en faire la pugnition, selon l'exigence des cas... » Pourquoy nous...... voulons et ordonnons que quatre desd. » généraulx maistres des monnoyes, une fois l'an, yront partout » nostred. royaume faire visitation..... (le second aura) le Maisne, » le Poitou, la Xaintonge, le Rouergue, le *Périgort*, le Quercy, le » Limosin, le Berry, la Touraine, le Bourbonnais et l'Auvergne (2). »

SAINT-ASTIER. — Nous savons aussi qu'il s'établit un pariage entre le comte de Périgord et l'abbé de Saint-Astier (3).

(1) Ibid., 2e inv. prep. ibid., l. 84, nº 13 et nº 3.
(2) Rec. ordon., t. XVII, p. 14.
(3) Bibl. nat. coll. Doat, reg. 145, Périgord, t. IV, fol. 222.

Ligue du bien public. — Commencée en 1464, la *Ligue du Bien public* absorbe l'attention générale et il ne nous reste aucun détail sur le Périgord, pour les années 1465 et 1466. Nous savons cependant que la municipalité de Périgueux, en 1466, accorda au juge du pariage le droit de rendre la justice dans la ville, pendant un an, à la condition qu'il déposerait au consulat une déclaration constatant que cette autorisation lui avait été accordée (1).

Sarlat. — Louis XI accorde à Sarlat le privilège d'être exempt du ban et de l'arrière-ban, sauf lorsque le roi marchera en personne.

La table des Mémoriaux de la chambre des comptes (2), nous apprend que, cette même année, les terres de *Beaumont*, *Roquépine*, *Montpazier*, *La Linde* et Castillonnés, furent données à Jean Faulcon de Tourons.

Le seigneur de Salignac et Antoine de Carbonnière. — En septembre 1467, Antoine de Carbonnière rendit hommage et prêta serment de fidélité au seigneur de Salignac, pour son domaine de Pellevési, paroisse de *Saint-Geniès*, s'étendant en outre sur les paroisses de *Saint-Amand*, *La Chapelle-Aubareil*, *Valaujoux*, *Saint-Quentin*, *Archignac et Tamniès* (3).

1468. — Des lettres patentes de Louis XI nommant Antoine de Chabannes comte de Dammartin, lieutenant général et spécial en Guienne, nous révèlent le fâcheux état du pays à cette époque. On y lit : « Comme nous ayons esté advertiz et informez que, en nostre » duchié de Guienne..... aussi en noz pays de Languedoc, Albi- » geois, Rouergue, Quercy, Agenois, *Périgort*, Auvergne, etc..... » aient esté et soient encore chascun jour, faictes forces et violences » publicques, desrobeures, destructions d'églises, meurtres, mutila- » tions, ravissements, pilleries, roberies, rançonnemens et autres » maux et oppressions intollérables, sur noz subjects...... et se » soient les aucuns desd. pays, soubz couleur et fainte de nous » vouloir servir...... mis sus en armes et assemblé grant nombre » de gens de guerre, tenans les champs, contre nostre vouloir et

---

(1) Rec. des titres, p. 468.

(2) Qui seule échappa à l'incendie qui détruisit ces mémoriaux. — Arch. nat., sect. domaniale.

(3) Arch. nat., sect. dom. papiers Noailles, cart. 7.

» plaisir, sans les vouloir départir quand leur avons mandé, et » soubz le adveu, port et soustenement d'iceulx qui se sont mis sus » ou autrement y ait eu plusieurs de nos subgets qui n'ont oncques » voulu venir nous servir, es grans et urgens affaires que avons eu, » ni obéyr aux letres et mandemans de nostre arrière ban, quand les » avons faict publier ; semblablement ayant esté et soient encores, » chascun jour, faictes plusieurs rébellions et desobéissances, telle- » ment que nos lectres et mandemans n'y ont pu estre exécutez, » nostre justice ne noz officiers obéys ; noz deniers n'y ont pu estre » recueillis ; mais ont esté empechez et, par les aucuns prins, » cueillez, levez et appliquez à leur prouffit, et ont esd. pays esté » faict et commis.... chascun jour plusieurs autres grans maulx, » abus, crimes et delicts.... qui seroient en voye.... de tourner à » très grant inconvenient et scandale..... pour lesquelles causes et » aussi pour ce que avons esté advertiz que les Anglais nos anciens » ennemis, ont certaines entreprinses, sur aucunes places de » nostred. duchié de Guyenne..... et plusieurs traictiez, pratiques » et intelligences, pour icelles mener et conduire à leur intention, » et soit besoing et nécessité de commectre et ordonner aucune » personne notable et de grant autorité à nous sœur et féable, pour » pourveoir aux choses dessusdictes, etc ». Rec. des ord. des R. de Fr., t. XVII, p. 301.

N° 9. — Charles, duc de Guienne, Richard de Badefol, Lefergas, Segur, l'abbé de Terrasson, Roquefeuil, le seigneur de Laforce, Gontaud de Biron, l'abbé de Saint-Astier, le seigneur de Fayole. — Louis IX avait, au lieu de la Champagne et de la Brie, trop voisines de la Bourgogne, fait accepter par son frère Charles, la Guienne. Charles en prit possession, en 1469, et, dans le cours de l'année, reçut les hommages de la noblesse du Périgord qui relevait de lui. Nous avons ceux de Richard de Gontaud, seigneur de Badefol de Cadouin ; de Folquet de Lefergas, dit Monroiz, pour tout ce qu'il possédait en Périgord ; de Jean de Segur, pour Péchagut, Pardaillan, etc., de l'abbé de Terrasson, de Jean de Roquefeuil de Villefranche, pour sa terre de Lamothe-Saint-Dizier, de Jean de Beaupoil et de Marie Prévost sa femme, représentés par Hélie de Beaupoil, dit Prévost, leur fils, pour les seigneuries de Laforce et de Masduran et l'hôtel de la prévôté de Bergerac, de Gaston de

Gontaud, seigneur de Biron, pour la châtellenie de Biron, de l'abbé de Saint-Astier (1) et de Jean de Ratevoulp, seigneur de Fayole, pour les terres et seigneuries de Clermont et de Fayole (2).

Le seigneur de Salignac. — C'est aussi en 1469, qu'Antoine de Salignac fit hommage au comte de Périgord, pour sa seigneurie de Salignac, et qu'on fit les enquêtes pour déterminer les limites de Vilhac d'un côté et de Bersac de l'autre (3).

Entrée de Charles, duc de Guienne, dans Périgueux. — Cette année, Charles visita Périgueux et s'engagea à confirmer ses privilèges et franchises, qui ne le furent qu'en décembre 1470 (4). Son entrée fut magnifique; le clergé, le maire, les consuls et la plus grande partie des habitants furent à sa rencontre.

Les grands jours du duché sont tenus a Périgueux — Sans doute pour témoigner sa satisfaction aux Périgourdins, ce prince, peu de temps après, voulut que ses conseillers tinssent la cour des grands jours du duché, dans cette ville, du 14 septembre à Pâques de l'année suivante. La cour se composait de deux présidents et de douze conseillers (5).

1470. — Les états du Périgord avaient accordé 1,000 livres pour les frais de l'assise du subside octroyé au duc de Guienne, en 1469; nous avons des lettres du gouverneur des finances de ce prince, en date du 29 janvier 1470, relatives à 300 livres données par ce prince à Louis Sorbier, son grand écuyer et sénéchal de Périgord; lesquelles trois cents livres devaient être prises sur les 1,000 livres octroyées (6).

Jean de Montlouis. — Le 10 janvier, Alain d'Albret, comte de Périgord, reconnut que Jean de Montlouis lui avait fait hommage de ce qu'il possédait dans les châtellenies d'Auberoche et d'Ans (7).

---

(1) Arch. nat., sect. Donn., ch. des Comp., Languedoc, pages 261, 253, 258, 256, 262, 260, 267, 264.

(2) Arch. de Pau, 2e inv. prép., P. et L., l. 509, no 12.

(3) Ibid., 2e inv. prép., P. et L., l. 509, l. 84, no 16 et 524 no 27.

(4) Arch. nat., J 864.

(5) Arch. de Périgueux, liv. jaune, fol. 23. Les noms des présidents et des conseillers sont consignés dans le manuscrit.

(6) Pièce de la collection Dessalles.

(7) Arch. de Pau, 2e inv. prép., P. et L., l. 84, no 3.

BERGERAC. — Lors de la prise de possession du duché de Guienne, par le frère de Louis XI, la garde du château de Bergerac avait été confiée provisoirement à trois personnes, dont la dépense fut acquittée en 1470. Parmi les fournisseurs nommés dans la pièce servant de quittance, je trouve Mathurin de Clermont, écuyer, seigneur de Pilles (1) et Jean de Peyrerède, maréchal (2).

GUICHARNAUD, SEIGNEUR DE ROUSSILLE. — Guicharnaud de Bideran était toujours seigneur de Roussille. A cette époque, il eut une contestation avec le syndic du chapitre de Saint-Front, au sujet de deux hameaux sur lesquels ce chapitre prétendait avoir des droits ; mais cette contestation fut suivie d'une transaction. Cette même année, il fit plusieurs acensements (3).

VILLAC ET THIVIERS. — Pendant qu'Alain d'Albret, comte de Périgord par sa femme, donnait commission à Guichard de Vaucaucourt, procureur de la prévôté de Thiviers, d'acenser à perpétuité les héritages vacants de cette prévôté et ceux qui vaqueraient par la suite, il soutenait, au nom de la comtesse, comme vicomtesse de Limoges, un procès avec Gui d'Aubusson, seigneur de Vilhac, au sujet de la justice des domaines que ce seigneur possédait dans la châtellenie d'Ans. De son côté, la comtesse faisait des largesses (3).

SARLAT. — A l'occasion d'un procès entre la municipalité de Sarlat et un bourgeois du nom de Castanet, le roi autorise les consuls à comparaître par procureur au Parlement de Paris (4).

1481. LE COMTE DE PÉRIGORD. — Par lettres patentes du 2 janvier 1471 (n. s.), Louis XI nomma Alain d'Albret, comte de Périgord, son lieutenant-général en Limousin, Marche, Vivarais, Velay, Languedoc et Berry (5).

Le roi, en se mettant en campagne contre Charles le Téméraire, s'était sans doute persuadé qu'il se rendrait maître de ce duché, puisque nous avons des lettres de lui, du 5 du même mois, par

(1) Pièce donnée par M. Stadler, mon collègue.

(2) Arch. de Pau, 3e inv. prép. P. et L., l. 526, no 3 et 9.

(3) Arch. de Pau, 3e inv. prép. P. et L., l. 511, no 10 et l. 507, no 73.

(4) Inventaire à la suite des Antiquités du Périgord et du Sarladais, par le chanoine Tardes.

(5) Arch. de Pau, 3e inv. prép. P. et L., l. 497, no 3.

lesquelles il désigne Alain comme l'un des commissaires destinés à prendre possession de ce duché en son nom ; et c'est sans doute pour le récompenser du dévouement qu'il attendait de sa part, qu'au mois de juillet suivant, il lui assigna 4,000 l. t. de rente. Nous trouvons encore que ce même comte, revenant sur les privilèges concédés à ses prédécesseurs par les rois de France, présenta, en juin, une requête au duc de Guienne, pendant les assises tenues à Périgueux, pour réclamer les terres de Maurens et de Mouleydier, la juridiction de Saint-Astier, les hommages de Limeuil et de Fronsac, la jouissance paisible d'appel en première instance, offrant, s'il le fallait, de justifier sa réclamation par des actes (1).

Belvès. — Il s'était élevé quelques difficultés entre Arthur de Montauban, archevêque de Bordeaux, seigneur de Belvès, et les consuls de cette localité. Ces difficultés avaient trait à la justice, à la police et autres juridictions. Par acte du 10 février 1471, un accord fut conclu entre les parties, et toutes les difficultés furent levées (2).

Mussidan. — Des lettres de la même année, du comte de Périgord, ordonnent de mettre sous sa main la seigneurie de Mussidan, pour défaut d'hommage (3).

Mauriac. — Le château de Mauriac, commune de Douzillac, appartenait alors à Bertrand Grimoard et relevait d'Archambaud de Bourdeille, seigneur de Montancès et de Crognac. Nous avons un hommage de Grimoard à Archambaud, du 27 juin 1471, avec serment de fidélité et un acapte d'une paire de gants blancs (4).

Sarlat. — Le ruisseau de Sarlat, que l'inventaire appelle *Cluze*, et qui coule dans le faubourg de *Landrevie*, fut couvert en 1471, par ordre du duc de Guienne. Louis XI décida que les habitants de la ville ne seraient plus tracassés pour les droits de franc-fiefs (5).

1472. Périgueux et Bergerac. — A la suite de la mort du duc de Guienne (12 mai 1472), Louis XI confirma de nouveau les privilèges

(1) Ibid., ibid., l. 501 n° 40 ; 507 n° 37 et 174, n° 10.
(2) Bibl. nat., papiers Lespine, cart. des villes closes.
(3) Arch. de Pau, 3e inv. prép., P. et L., l. 520, 4e p., n° 3.
(4) Arch. de Pau, 3e inv., prép. P. et L., l. 509, n° 15.
(5) Inv. à la suite des Antiquités du Périgord et du Sarladais, par Tarde.

et franchises de Périgueux et de Bergerac (1), et très probablement aussi de Sarlat et de toutes les bastilles.

Excideuil. — Le 3 mars précédent, Charles de Lerins, capitaine d'Excideuil, et maître d'hôtel du comte de Périgord, avait passé une revue de la noblesse de la châtellenie (2).

Le comte de Périgord, Gui de Mareuil, Gui de Pons. — En redevenant le vassal direct du roi, le comte de Périgord lui rendit un nouvel hommage (14 juillet). Par la même raison, Gui, seigneur de Mareuil et Gui de Pons en avaient fait autant quelques jours auparavant ; mais Gui de Pons seulement pour les seigneuries de Montfort, Carlux et Aillac, relevant du vicomté de Turenne (3).

1473. Montcucq et Villefranche-de-Lonpchat. — Charles d'Albret, dit le Cadet, avait été exécuté par suite de sa connivence avec le comte d'Armagnac. Pour récompenser le zèle et le dévouement d'Alain d'Albret, Louis XI lui donna les domaines de Charles, parmi lesquels Montcucq et Villefranche-de-Lonpchac (4).

Montpaon. — Montpaon fut reformé dans le cours de la même année, on y fit un nouveau dénombrement de la population et une répartition meilleure des cens et rentes de la seigneurie (5).

Subsides. — En 1473, par lettres du 16 octobre, Louis XI imposa au Périgord la somme de 5,740 l. t. pour contribution de guerre (6).

1474. Sarlat. — Il y eut, cette année, des démêlés sur le fait des aides, entre la municipalité et divers bourgeois de la ville (7).

Les sujets du vicomte de Turenne, en Périgord, furent exemptés de l'obligation de fournir au roi des francs-archers (8).

1475, 1476. Ribeyrac. — Pas de détails sur l'année 1475. En 1476, il s'éleva une contestation entre le comte de Périgord et le syndic des habitants de Ribeyrac, au sujet du droit de guet, à Ribeyrac. Il y eut de plus une sentence du lieutenant du sénéchal de Périgord,

---

(1) Rec. des ord. des r. de Fr., t. xvii, p. 491 et 497.
(2) Arch. de Pau, 2e inv. prép. P. et L., l. 329, no 5.
(3) Arch. nat., sect. dom., ch. des comptes, p. 302 et p. 299.
(4) Ibid., reg. du tr. des ch., coté 197, p. 398.
(5) Arch. de Pau, 2e inv. prép. P. et L., l. 86, no 15.
(6) Arch. nat., K. 71, no 30.
(7) Inv. à la suite des Antiquités du Périgord et du Sarladais, par Tardes.
(8) Rec. des ord. des r. de Fr., t. 18, p. 47.

en faveur des Ribeyracois, dont fit appel le comte de Périgord, par son procureur. L'affaire fut même portée au Parlement (1); et ce ne fut que bien plus tard qu'elle se termina.

1477. Le guet a Montignac. — Le guet fut encore le sujet d'un procès à Montignac, en 1477 (2).

Sarlat. — Un acte de la même année nous apprend que Sarlat devait fournir au roi quatre francs-archers (3).

Périgueux. — L'année 1477 est célèbre dans les annales de Périgueux. On rédigea les articles composant le statut d'après lequel se faisaient les élections municipales. J'ai résumé cet article dans un appendice, mais je n'y ai pas parlé des serments, qui sont d'autant plus importants qu'on y a formulé tout ce qui était de nature à prévoir une fraude, à supposer un mauvais dessein, à engendrer une perturbation, à couper court à toute négligence. Voici du reste la traduction de ces serments, réduits à leur plus simple expression.

1° Les quatre prud'hommes juraient sur l'Evangile qu'ils choisiraient aussi bien et aussi loyalement qu'ils pourraient les huit prud'hommes : six de la ville et deux de la Cité, qu'ils croiraient les plus propres à élire le maire et les consulz ou les consuls seulement, pour le plus grand avantage de la communauté, et qu'ils ne prendraient, le sachant, ni un excommunié, ni un individu en procès ou pouvant être en procès avec la communauté.

Les huit prud'hommes, chargés de faire le choix d'un maire et de sept consuls, six pour la ville et un pour la Cité, ou de neuf consuls sans maire, sept pour la ville et deux pour la Cité, juraient, de leur côté, que loyalement et du mieux qu'ils le pourraient, ils choisiraient un maire du Puy-Saint-Front et sept consuls ; six de la ville et un de la Cité, ou neuf consuls, sept de la ville et deux de la Cité, et qu'ils n'appelleraient aux fonctions de maire ou de consuls, aucun excommunié, ni aucune personne en procès ou pouvant être en procès avec la communauté. On avait ajouté à ce serment, mais d'une écriture plus moderne, qu'ils ne devaient pas non plus faire choix de l'un d'entre eux ni de l'un des trente membres du conseil.

(1) Arch. de Pau, 3e inv. prép. P. et L., l. 82, nos 5 et 6.
(2) Arch. de Pau, 3e inv. prép. P. et L., l. 506, n° 54.
(3) Tardes. Inventaire, etc.

Le maire et les sept consuls ou les neuf consuls sans maire, élus comme il a été dit, juraient :

1° Qu'ils gouverneraient les deux centres de population bien et loyalement, qu'ils maintiendraient leurs franchises, leurs coutumes, leurs libertés, qu'ils ne feraient pas de distinction entre le pauvre et le riche, qu'ils n'accepteraient ni service, ni salaire, ni cadeau d'homme ni de femme qui aurait affaire ou pourrait avoir affaire avec la cour du consulat.

2° Qu'ils surveilleraient avec soin les ponts, les passages, les entrées, les fossés, les murs, les portes, les tours, les barbacanes et toutes les clôtures, et qu'ils les feraient soigneusement réparer lorsqu'il serait nécessaire ;

3° Que les écluses autour de la ville ne subiraient aucun changement ;

4° Qu'ils ne permettraient à aucun habitant des deux centres de population de cesser d'obéir au roi de France ;

5° Qu'ils mettraient à exécution les condamnations, les retenues d'amende, les décisions, les nantissements, conformément à ce qui aurait été jugé par la cour du consulat, avec la plus stricte exactitude et sans acception de personne ;

6° Que quinze jours après leur nomination, ils choisiraient les trente prud'hommes reconnus par eux les plus propres à former leur conseil.

7° Qu'ils ne feraient ou ne laisseraient sortir hors des murs le matériel de guerre de la communauté que pour son service et avec le consentement des trente prud'hommes ; et que ce matériel serait réintégré dans l'arsenal le plus tôt possible ;

8° Que, si on intentait un procès à leurs prédécesseurs, maire et consuls, ou à tout autre fonctionnaire de la municipalité, pour une obligation, un traité ou toute autre cause ayant trait aux intérêts de la communauté, ils prendraient l'affaire en main et la mèneraient à bonne fin, aux dépens de ladite communauté, préservant de tout dommage leurs dits prédécesseurs et autres fonctionnaires et payant, des deniers communs, ce qu'il y aurait à payer. On avait ajouté, d'une écriture plus moderne, *que vos prédécesseurs ayent le reliquat, s'il y en a* ;

9° Qu'ils ne prendraient de l'argent que de la main du comptable, à moins qu'il ne fût pour le plus grand profit de la communauté ;

10° Qu'ils ne retiendraient ni sceau, ni titre, ni papier appartenant au consulat, et qu'ils restitueraient tout ce qu'ils auraient entre les mains en sortant de fonctions ;

11° Qu'ils ne scelleraient, ni feraient sceller du grand ni du petit sceau, aucune lettre contenant vente ou obligation des biens communs, à moins qu'ils ne fussent tous d'accord et que l'acte ne fût de la main de l'écrivain du consulat ou d'un notaire ; sans quoi la pièce serait de nulle valeur ;

12° Qu'ils ne feraient aucune remise à ceux qui auraient établi leurs émoluments de l'année ; mais qu'ils feraient percevoir très exactement ces émoluments ;

13° Qu'ils feraient percevoir douze deniers d'amende sur chaque conseiller manquant à la convocation par les sergents et les secrétaires ; quatre sols sur le maire et deux sols sur chaque consul qui ne se rendraient pas au premier signal, à moins d'excuse, et, s'ils ne payaient pas, qu'ils feraient retenir ces amendes par le comptable sur leurs traitements ; qu'ils agiraient de même quand on sonnerait pour une affaire pressante, et que ceux qui ne seraient pas à l'appel payeraient : le maire deux sols et chaque consul un sol ; qu'ils veilleraient pareillement à ce que, par suite du peu d'importance des revenus de la communauté, le maire ne touchât que trente livres tournois d'appointements et six livres pour surveiller les comptes, comme contrôleur ; à ce que les consuls fissent le guet, la nuit, chacun à son tour, avec les autres devoirs qu'ils avaient à remplir, moyennant quinze livres tournois par an, à la condition de fournir la chandelle, et dix livres seulement, s'ils ne faisaient pas le guet et ne fournissaient pas la chandelle ; et à ce que ceux qui sortiraient de la ville et de ses limites, pour autres choses que pour ses affaires, fussent privés de leurs gages tout le temps qu'ils resteraient dehors, sans en excepter le maire ;

14° Qu'il n'y aurait plus de dîners et autres dépenses pour l'apuration et la reddition des comptes ;

15° Qu'on ne ferait plus de présents, la veille de Noël, ni aux officiers du roi, ni à ceux de l'évêque, ni au juge, ni à l'avocat de la communauté ;

16° Que trois mois après leur remplacement, sans plus différer, ils rendraient leurs comptes à leurs successeurs, qui les vérifieraient et les approuveraient, dans les trois mois suivants, pareillement, sans dilation, et qu'ils ne quitteraient définitivement le consulat qu'après que lesdits comptes seraient rendus ;

17° Que chaque consul visiterait ou ferait visiter les portes toutes les semaines et au moins tous les quinze jours, et que rien ne leur serait taxé, quelle que fût leur peine, même pendant les vendanges, parce qu'ils devaient le faire d'un commun accord ;

18° Que chaque sergent aurait sa robe et son cadeau identiquement pareils et que le tourier serait exactement traité comme un sergent ;

19° Que l'empereur, roi, duc, marquis et abbé de St-Jean-Baptiste payeraient leur bienvenue accoutumée, sans être exempts de la garde et corvée de la ville (1) ;

20° Que les juge, procureur et comptable seraient tenus de payer la taille, de contribuer aux dépenses de la ville et de faire le guet et l'arrière-guet, comme les autres habitants ;

21° Que, dans leurs comptes, ils ne mettraient que ce qu'ils auraient reçu et dépensé, au fur et à mesure des recettes et des dépenses ;

22° Que lorsque leurs prédécesseurs leur auraient rendu leurs comptes, dans l'année de leurs fonctions, et avant qu'ils eussent rien touché de leurs traitements ou de leurs taxes, ils leur payeraient ce qu'ils reconnaîtraient leur être justement dû ;

23° Que dorénavant, tous ceux qui seraient élus maires et consuls, au lieu d'un dîner, comme autrefois, donneraient, le maire une arbalète à poulie avec un tour, et les consuls, chacun une arbalète à pied aussi avec un tour, lesquelles appartiendraient à la ville, et seraient déposées dans l'arsenal, lors du changement du maire et des consuls ;

24° Qu'ils ne taxeraient au comptable que ce qu'ils en auraient reçu et sa peine, sans qu'il fût exempt de la garde, de la taille et autres charges ;

(1) Je n'ai rien trouvé sur cet empereur, ce roi, ce duc, ce marquis, cet abbé. Serait-ce des dignitaires dans le genre du roi de la Fève ?

25° Qu'ils ne permettraient à personne de s'approprier rien de ce qui appartenait à la communauté et qu'ils veilleraient à la conservation des établissements créés par leurs prédécesseurs ;

26° Qu'ils n'aliéneraient ni ne vendraient rien appartenant à la communauté, sans en avoir fait part aux quatre consulats derniers passés *ou* (1) aux trente prud'hommes qui y consentiraient unanimement, sans quoi l'aliénation serait nulle ;

27° Qu'à l'avenir, ils ne permettraient pas que les comptables ou autres levassent et perçussent amendes ni tailles, ni autre taxe imposées ou concédées par le maire et les consuls, après deux ans de délai, à moins d'empêchement parfaitement justifié ; mais que s'il n'y avait pas empêchement, ils seraient déboutés de toute prétention à cet égard.

Au-dessous de la date, ainsi conçue : « ces articles furent rédigés par le maire et les consuls conjointement avec tout le conseil, pour parer aux inconvénients et dommages causés chaque jour à la communauté, l'année qui commença en 1476 et finit en 1477 », on lit, de la même écriture : « Il en sera de même (que pour les comptables) de ceux qui taxent la viande, les boulangeries et autres subsistances ; ils devront avoir tout recouvré dans le cours des deux ans, sauf empêchement légitime, sous peine d'être déchus de leurs droits. »

Et enfin, ils devaient jurer encore qu'ils maintiendraient et feraient observer les privilèges, franchises, libertés, coutumes et statuts établis par leurs prédécesseurs ; ce qui paraît à peu près un double emploi avec le premier article (2).

J'aurai occasion de revenir sur ce statut, qui passa par plus d'une épreuve, depuis la date de sa confection jusqu'à la Révolution de 1789.

La tour de Mataguerre. — La tour de Mataguerre, encore debout, et qu'on parlait de restaurer, dans ces derniers temps, menaçait ruine en 1477. Le maire, les consuls et le conseil des prud'hommes, d'un commun accord, la donnèrent à rebâtir. Ce fut le maire qui posa la première pierre. On n'a pas la date de son achèvement (3).

---

(1) Je crois qu'il faut *et*.

(2) Arch. de Périgueux.

(3) Ibid., liv. jaune, fol. 31.

1478. Aide. — On fit, en 1478, sur l'élection du Périgord, l'assiette d'une aide de 1,300 livres (1).

Ribeyrac. — Ordre de Louis XI au Parlement de Bordeaux de faire une enquête sur les excès commis contre les habitants de Ribeyrac, par Pierre de La Place et Arnaud Rostier, dit de Lafaye (2).

1479. Bergerac. — En 1478, Louis XI, pour se procurer de l'argent, eut recours à un impôt analogue à la taille du roi, destiné spécialement à l'entretien des francs-archers. Cette taille, imposée comme l'autre uniquement sur les non-nobles, fut assise à Bergerac, qui n'avait jamais payé de taille pour les francs-archers; et, pour lui faire produire le plus possible, on y assujettit des bourgeois qui vivaient noblement, parmi lesquels Mathurin de Clermont, seigneur de Pilles, dont il a déjà été question, et Raimond et Aymond de Labalme. Ces personnages se plaignirent. L'affaire portée devant la cour des Aides, celle-ci leur donna raison et ils furent affranchis de l'impôt (3).

Cette même année, les privilèges de la ville furent confirmés de nouveau, afin que cet impôt, établi pour les années 1478 et 1479 seulement, ne portât pas atteinte aux droits dont elle avait toujours joui de ne payer aucune sorte de taille (4).

1480. Lèpre. — Des étrangers étaient allés résider à Bergerac et y avaient porté la lèpre. Le sénéchal, en 1480, donna commission de rechercher ces étrangers (5).

Limeuil. — Annet de La Tour, devenu seigneur de Limeuil, fit une enquête sur l'assassinat de Jean de Beaufort (1420). C'était un peu tard sans doute. Un mémoire fut dressé à cette occasion. On y lit : *qu'il n'y a point, dans tout le pays de Guienne, pire peuple ne plus perverse génération que le peuple dudit Limeuil.*

1481. Galiot de Genouillac. — Jacques de Genouillac, dit Galiot, grand maître de l'artillerie, avait rendu des services signalés à Louis XI. Pour le récompenser, ce monarque, en mars 1481, lui fit

(1) Inventaire à la suite des Antiquités du Périgord et du Sarladais, par le chanoine Tardes.

(2) Arch. de Pau, 2e inv. prép. P. et L., l. 85, n° 5.

(3) Arch. nat., reg. de la cour des aides de 1478 à 1483.

(4) Rec. des ord. des R. de Fr., t. XVIII, p. 463.

(5) Arch. de Pau, 2e inv., prép. P. et L., l. 496, n° 11.

don de la forêt de *Bérounencke*, touchant aux bois appartenant à l'abbaye de Peyrouse et longeant le chemin de Thiviers à St-Front-d'Alemps (1).

Bourdeille. — J'ai dit ailleurs la différence qu'il y avait entre la seigneurie et la châtellenie de Bourdeille. La seigneurie de Bourdeille resta toujours la propriété de la maison de ce nom, tandis que la châtellenie, après avoir passé dans différentes mains, devint la propriété des comtes de Périgord. En 1481, Alain d'Albret, comte de Périgord par sa femme, vendit cette châtellenie, qui portait le titre de comté depuis 1400, à François de Bourdeille, déjà possesseur de la seigneurie, avec le titre de baronnie (2). Cette vente fut faite moyennant 4,000 écus d'or pur au coin du roi de France, et à la condition de l'hommage direct au comte de Pé rigord. Les appellations des sentences du juge de cette partie de Bourdeille devaient en outre relever du juge du comté.

Limites des juridictions de Saint-Alvère et de Roussille. — Une difficulté sur les limites respectives de leurs juridictions étant survenue entre Guy de Lostanges, seigneur de Ste-Alvère, et Guicharnaud de Bideran, seigneur de Roussille, ces limites furent réglées en 1481 ; et ce fut à peu près le Caudou qui forma la division (3).

1482. — La comtesse de Périgord. — Françoise de Bretagne, comtesse de Périgord, fit son testament le 1er décembre 1481 (4).

Salpêtre. — L'usage de la poudre prenait chaque jour de l'extension, mais on n'avait pas alors les moyens de se procurer du salpêtre. On le cherchait partout. En 1482, Louis XI donna commission à Pierre Blasin de recueillir le salpêtre du Périgord et autres provinces (5).

Cadouin. — Louis XI avait ou affectait d'avoir une grande foi dans les reliques. Le suaire de Cadouin surtout était particulièrement honoré par lui. Au mois de mars 1482, il établit deux foires et un marché à Cadouin, en faveur de l'abbaye. Les foires, qui commençaient l'une le jour de St-Antoine, 17 janvier, et l'autre le jour

---

(1) Arch. nat., reg. du tr. des ch. coté 207, p. 47.
(2) Arch. de Pau, 3e inv. prep. P. et L., l. 498, no 31.
(3) Bibl. nat., pap. Leydet, 2e rec., 1re partie.
(4) Arch. de Pau, 3e inv., prép. P. et L., l. 477, no 1.
(5) Arch. nat., K 72, no 63,

de Saint-Laurent, 10 août, devaient durer trois jours chacune. Le marché était fixé au jeudi de chaque semaine. Quelque temps après (avril), il fit don à l'abbaye de 4,000 l. t. de rente, assises, pour 1,300 l. t. sur Villefranche-de-Belvès, Montpazier, Beaumont, Molière, Lalinde et Bergerac, et pour le reste sur l'Agenais. En juin, il lui accorda le privilège de porter toutes les affaires judiciaires devant le Sénéchal de Périgord, au siège de Sarlat.

LANQUAIS. — Dans le cours de la même année (juin), il créa une foire et un marché à Lanquais ; la foire commençant le 20 janvier, jour de Saint-Sébastien, et durant trois jours, et le marché se tenant tous les jeudis.

1483. BADEFOL-DE-CADOUIN. — Toujours plein de bonne volonté pour Cadouin, Louis XI, en 1483, fit don à cette abbaye du château, baronnie, terre et seigneurie de Badefol sur Dordogne (1).

RIBEYRAC. — L'affaire de Ribeyrac et du comte de Périgord, au sujet du guet, n'était pas encore terminée en 1483. Par lettres du mois de juin, Louis XI ordonna que les habitants de cette ville seraient contraints à faire le guet au château (2), et par lettres du mois de juillet suivant, il donne commission à Bernard Durand, conseiller au parlement de Bordeaux, de prendre avec lui un homme impartial et d'examiner avec soin le procès pendant entre le comte de Périgord et les habitants de Ribeyrac ; d'où il semble résulter que Louis XI s'était arrêté devant des difficultés dont on ne parle pas (3).

TERRASSON. — On se rappele qu'en 1464, ce monarque avait accordé la faculté, à Gui de Pons, d'user du retrait féodal pour rentrer en possession des domaines aliénés par son père, et que ce seigneur s'était empressé de profiter de cette autorisation, puisqu'il avait rendu hommage pour ces domaines. Il semble qu'à l'avénement de Charles VIII, il s'éleva quelque difficulté au sujet de Larche et de Terrasson ; on retrouve en effet, à cette date, plusieurs copies de la

(1) Arch. nat., reg. tr. ch., coté 207, p. 373 et reg. 216, p. 19, reg. 208, p. 231, et K 176, l. 3, n° 15, reg. 207, p. 287 et 288.

(2) Arch. de Pau, 2me inv. prép., P. et L. l. 83, n° 10.

(3) Ibid., ibid., ibid.

vente de ces châtellenies et seigneuries (1), faites quelques mois avant que Gui rendit hommage au nouveau roi (janvier 1484).

PÉRIGORD. — Le premier acte de Charles VIII, concernant le Périgord, fut une diminution, du 29 septembre 1489, de 1700 l. t. sur l'imposition de l'élection, où les charges excessives avaient réduit plusieurs familles à quitter le pays (2).

PÉRIGUEUX, BERGERAC. — Dans le mois d'octobre, il confirma les priviléges de Périgueux et de Bergerac, et rétablit, dans cette dernière ville, une foire durant du 17 au 21 janvier (3). Peu de temps après il reçut l'hommage de Michel, seigneur de Montréal (4).

EYMET. — Nous avons vu Bertrand de Pellegrue, à la suite de la première reddition de Bordeaux (1451), obtenir, pour lui et Eymet, des conditions semblables à celles qui furent faites à la ville de Bordeaux. Le retour des Anglais, la bataille de Lamothe-Montravel et la rentrée des Français à Bordeaux, avaient soulevé des difficultés au seigneur de Pellegrue et à Eymet. Cependant, Charles VIII, en 1458, Louis XI en 1460, et Charles duc de Guienne, en 1470, avaient confirmé les priviléges accordés en 1451.

En 1483, Jean de Pellegrue, fils de Bertrand, sollicita et obtint cette même confirmation, qui lui fut accordée avec toute la solennité exigée en pareil cas (5).

1484. LA LINDE, MONTPAZIER, LISLE. — Dans le cours de l'année suivante, il confirme les priviléges de La Linde, de Montpazier (6), et de Lisle (7), et établit dans cette dernière localité, en place d'une foire de quatre jours, quatre foires d'un jour chacune, qui devaient se tenir le 17 janvier, le 25 avril, le 20 juillet et le 27

---

(1) Arch. de Pau, 4me inv. prép., P et L., l. 566.

(2) Arch. nat., J 866.

(3) Ibid, J. 861 et reg. du tr. des ch., coté 212, p. 47, coté 214, p. 25.

(4) Ibid. P. 1145, fol. 196 et ch. des compt. Languedoc p. 251 (bis).

(5) Ibid. Reg. du tr. des ch. coté 232, p. 88, et K 1234.

(6) Ibid. Reg. du tr. des ch. coté 212, p. 36, et coté 215, p. 4.

(7) Rec. des ord. des R. de Fr. t. 19. p. 383. Ces priviléges furent confirmés de nouveau quelques mois après, sans qu'on puisse comprendre pourquoi.

novembre, avec un marché le samedi de chaque semaine (1).

Laforce et Masduran. — Cette même année, il établit deux foires et un marché, à Laforce, et deux foires et un marché, à Masduran. Celles de Laforce devaient se tenir le 20 juillet, jour de St-Victor, et le 13 août, jour de Ste-Radegonde, le marché, le lundi de chaque semaine ; celles de Masduran le lendemain de la Fête-Dieu et le second jour de la chaire de St-Pierre, en février (23 février), le marché tous les mercredis (2).

Les États Généraux. — Mais le grand événement des débuts du règne de Charles VIII fut la tenue des États-Généraux.

Les députés du Périgord étaient : pour le clergé, l'évêque Geoffroi de Pompadour et Bertrand de Cassagne, vicaire-général de l'évêque de Sarlat ; pour la noblesse : Jean de Taleyrand, seigneur de Grignois et autres lieux, prince de Chalais, chambellan de Charles VIII, et pour le tiers état, Jean Tricard, sur lequel je n'ai pu me procurer aucun renseignement, en dehors des titres qu'il portait, comme fonctionnaire. Nous savons en effet qu'il fut licencié en droit, juge mage, lieutenant né du sénéchal de Périgord et président du parlement tenu à Périgueux, en 1461.

Les Etats durèrent deux mois.

A part l'évêque de Périgueux, qui faisait déjà partie du Conseil privé et qui dut prendre une certaine part aux intrigues, nous n'avons aucune donnée sur le rôle que jouèrent les trois autres députés.

Comme toujours, le cahier présenté au roi traitait de l'église, de la noblesse et du tiers-état, puis de la justice, de la *marchandise* et du Conseil du roi. Les réponses furent loin de satisfaire l'assemblée ; alors on se débarrassa d'elle et la commission n'eut plus assez d'autorité pour résister aux tendances de la cour. Cependant l'état des finances était tel qu'il fallut aborder de front cette question brûlante. Elle fut traitée, le 7 décembre suivant, dans un conseil, tenu à Gien, auquel assistaient plusieurs grands personnages, parmi lesquels l'évêque de Périgueux. On décida qu'on écrirait aux maitres particuliers des monnaies, pour leur recommander de consulter les gens experts

(1) Arch. nat. Reg. du tr. des ch. coté 215. p. 103.

(2) Ibid. Reg, du tr. des ch. coté 210 p. 140.

dans la matière, et d'envoyer, à la Chandeleur, le résultat de leur enquête. On écrivit en même temps à tous les baillis et sénéchaux de faire publier que tout homme porteur de monnaie autre que celle frappée au coin du roi, eut à s'en défaire, dans le délai de trois mois. Cette double décision fut transmise aux monnayeurs trois jours après (1).

En 1485, on en arrive aux pénalités ; et pourtant le mal n'avait point cessé en 1487, et les ordres du roi restaient encore à peu près sans effet en 1489. Ce n'est que sous Charles VIII que des lettres de lui, datées d'Orléans, et rédigées à la suite des délibérations d'une assemblée composée de grands personnages et de députés des bonnes villes (1493), règlent cette matière, dans le but de mettre fin à l'affreuse confusion qui régnait depuis si longtemps (2).

Foires de Saint-Saud. — Charles VIII accorda aussi, en 1484, des foires à Gauthier de Peyrusse, plus tard sénéchal de Périgord, pour être tenues à St-Saud ; je n'en connais ni la date ni le nombre (3).

Impots. — Charles VIII accorde au Périgord une diminution de 1,700 l. t. sur les subsides de 1485, comme il l'avait fait l'année précédente (4).

Rapt. — Une femme mariée de Savignac-les-Églises avait été enlevée de force par des habitants de Périgueux. Le juge de Thiviers fit sur ce rapt une enquête, dont nous ne connaissons pas les suites (5).

La cour du cellérier. — 1485. — On n'a pas oublié que, dans le jugement qui adjugeait à la ville les biens du comte saisis à Périgueux, on avait réservé la cour du cellérier, dont plus tard Regnault de Sens avait pris possession, au nom du duc d'Orléans, en mars 1485, et pendant que Jean de St-Astier, seigneur de Ligne, était maire, la municipalité traita avec les chanoines de St-Front, pour la moitié de cette juridiction qui leur appartenait et qu'ils lui

(1) Arch. nat. K ancien 76, n° 22 et nouveau 490, fol. 201.

(2) Reg. de la cour des monnaies, coté F. fol. 111 verso, 112 v°, 113, 117 v°, 119, 127 et 141.

(3) Ibid, ibid, Reg. 216, p. 3.

(4) Rec. des ord. des R. de fr., t. 19, p. 399.

(5) Arch. de Pau, 2e inv. prép. P. et L., l. 515, n° 13.

cédèrent moyennant 40 l. t. de rente, qui furent amorties plus tard par 800 l. t. une fois payées (1).

DOMME. — 1485. — Les habitants des villes et bastilles du Périgord étaient généralement exempts de taille et de tout impôt. Le manque de ressources poussa l'entourage de Charles VIII à rendre une ordonnance déclarant que *les habitants des villes, terres et seigneuries de Périgueux, Bergerac, Lanquais, Eymet, Ailhac, Domme et autres qui par cy devant estoient exempts du faict et contribution de nosd. tailles et deniers, à la grant charge des autres habitants dud. païs..... fussent des lors en avant contribuables à nosd. deniers (et) taille*, etc. Mais plus tard ce prince ayant été informé que, *de toute ancienneté*, Dome en avait été exempte, par privilège spécial, en considération du soin et du zèle que les habitants mettaient à la garde et conservation de leur ville, par lettres du 1er mars 1485, il leur rendit et confirma ce privilège (2).

SARLAT. — Sarlat, qui ne figure pas dans la liste ci-dessus, n'avait pas été plus exempt que les autres ; ce qui le prouve, c'est que les habitants de cette ville arrêtèrent, et conduisirent prisonnier à Périgueux, le collecteur de la taille imposée sur eux, comme nous l'apprend un mandement d'Hugues Bailli, seigneur de Razac, lieutenant général du sénéchal, contre ceux qui s'étaient mis à la tête de l'émeute (3).

JEAN TALEYRAND. — Cette année-là, et peu de jours après la confirmation du privilège de Dome, Jean Taleyrand, prince de Chalais et seigneur de Grignols, reçut la somme de 800 l. t., pour une année de son traitement, comme conseiller et chambellan du roi (4).

HUBERT DE LAFORCE. — Le 13 du même mois, Hubert de Laforce, que les généalogistes appellent *Hélie* et qui avait pris le nom de Prévôt, fit hommage au roi de Laforce et de Masduran (5).

---

(1) Arch. de Périgueux, Liv. jaune, fol. 43 verso.

(2) Arch. départ., Dome.

(3) Inventaire à la suite des antiquités du Périgord et du Sarladais du chanoine Tardes.

(4) Arch. du Roy, K. 73, n° 25.

(5) Ibid. ch. des compt. P. 1125, fol, 196.

PUYGUILHEM. — Jean Adam Nompar de Caumont, baron de Lauzun, de Puyguilhem, etc., fut autorisé à fortifier Puyguilhem, dont sans doute il s'était rendu acquéreur (mars) (1).

VALAUJOUX. — En février, Alain d'Albret, en son nom et au nom de son fils, vendit à Jean de Salignac, seigneur de St-Geniès et de Lachapelle-aux-Bareils, la paroisse de Valaujoux, du pariage de Lachapelle-aux-Bareils, et une rente à St-Léon-sur-Vézère, moyennant 600 l. t., et le droit de retrait féodal pendant sept ans (2).

JEAN MARTIN, SEIGNEUR DE LAFILHOLIE. — Vers la même époque, Jean Martin, seigneur de Lafilholie (près Terrasson), présenta une requête au sujet d'un échange jadis fait entre lui et la veuve de Jean de Bretagne, comte de Périgord (3).

IMPOTS. — Sur 1,500,000 l. t., imposées à la France, pour l'année 1485, le Périgord, par ordre de Charles VIII, ne fut taxé qu'à 7,000 l. t. de frais (4) ; mais pour assurer les services divers, il fallut avoir recours à une augmentation de 463,600 l. t., sur lesquelles le Périgord eut à sa charge 2,600 l. t., réparties par Jean de Lalvère et Mathurin Gaillard, députés à cet effet, et auxquels furent assignées, pour leur peine, 100 l. t. à prendre sur la recette de la province (5).

1486. — DOME-VIEILLE. — Le château de Dome-Vieille était encore debout. Des lettres de rémission en faveur de Gracieu, bâtard de Caumont, et d'Olivier Heymon, d'une part, de Charles de Caumont, seigneur de Castelnaud, Jacques Boissière, Guillaume de Laramière et Jean de Montcuq, d'autre part, nous apprennent que Charlot Danglade, frère utérin de Gracieu, avait été arrêté et écroué dans le château de Dome-Vieille, pour des méfaits qui lui valurent d'être exécuté plus tard ; que ce Charlot était aimé d'une femme de Dome, appelée Jeanne des Martonnières, dite la *Mignone*. Sachant que Charles de Caumont s'intéressait à Danglade, cette femme le sollicita de contribuer à sa délivrance, et elle en obtint

(1) Arch. nat., reg. du tr., des ch. coté 216, p. 61.
(2) Arch. de Pau, 3e inv. prép., P. et L., l. 498, n° 23.
(3) Arch. de Pau, 3e inv. prép., P. et L. l., 515, n° 4.
(4) Arch. nat., K. 73, n° 34.
(5) Ibid, ibid., n° 37.

que le bâtard, avec une troupe d'hommes à ses ordres, tentât cette délivrance ; mais les cris de détresse poussés par les gardiens du château attirèrent les habitants du Mont-de-Dome, qui prirent le bâtard et l'enfermèrent dans l'église des Augustins, où il s'était sauvé ; Boissière, Laramière et Montcuq se trouvaient en cause pour avoir servi d'intermédiaires et avoir fait des voyages à Berbiguières et à Daglan (1).

Les Gimel de Paluel. — D'autres lettres de rémission en faveur de Bertrand de Gimel dit de *Paluel* (2), et de Petit-Jean, domestique de Guynot de Gimel, frère de Bertrand, donnent des détails sur une lutte, engagée à Mussidan, entre Bertrand et les domestiques du seigneur de Longa (3), qui l'auraient provoqué au moment où il se trouvait à Mussidan allant rejoindre avec son frère la compagnie du duc d'Orléans (4).

Naussannes. — Des lettres de rémission en faveur d'une famille de Naussannes appelée Belladent, constatent que ces Belladent avaient tué un homme, en défendant leur droit sur une pièce de terre dont on leur contestait la possession (5).

Impots. — Aux 1,800,000 l. t. imposées l'année précédente et qu'on venait de réimposer, il fallut en ajouter 250,000. Le Périgord fut taxé à 8,800 l. t. (6).

Levée des troupes. — Mais ce n'est pas tout ; il fallait aussi des soldats, et le seigneur de Salignac, conseiller et chambellan du roi, fut chargé de mettre à exécution, jusqu'à la concurrence de 70 hommes, une décision des états de Périgord portant qu'on lèverait un homme par 80 feus, à raison de cent sols par mois, et de 10 l. t., une fois payées, pour le vêtement, le tout aux dépens des 80 feus (7).

(1) Arch. nat., reg. du tr. des ch., coté 218, p. 9 et 77.

(2) Ibid. ibid., p. 10.

(3) Le château est situé commune de St-Médard, près Mussidan.

(4) Le duc d'Orléans conspirait contre le roi, et c'est sans doute parce qu'il prenait le parti des conspirateurs que les domestiques du seigneur de Longa avaient cherché querelle à Bertrand.

(5) Arch. nat., reg. du tr. des ch., coté 218, p. 32.

(6) Ibid. K. 73, n° 46.

(7) Arch. nat., K. 73. n° 43.

Millac-de-Nontron, Champagnac, St-Pancrace et Fossemagne. — Durant ce temps, le comte de Périgord, partisan du duc d'Orléans et de Bretagne, pour se procurer l'argent nécessaire à ses projets, vendit à Etienne de la Martonie, conseiller au parlement de Bordeaux, tous les droits et devoirs attenant aux bourgs de Millac de Nontron, de Champagnac, de Belair et de St-Pancrace, moyennant 1,200 l. t., avec la faculté de retrait féodal pendant six ans (1) ; et en octobre, à Antoine Hélie de Lamothe, le domaine de Fossemagne, avec la justice, les péages et les rentes en dépendant (2).

Villefranche-de-Belvès et le Fleix. — Pour couper court aux intrigues, une armée avait occupé la Guienne, et on s'y était rendu maître de tout ce qui dépendait des conjurés. C'est sans doute à la suite de cette campagne que Villefranche-de-Belvès obtint la confirmation de ses privilèges qui s'étendaient à Loubejac, à St-Cernin-de-l'Erme, à Mazeyrolles, à Latrape, à Prats-de-Belvès et à St-Étienne-des-Landes (3), et que Gaston de Foix fit hommage au roi de la terre et seigneurie du Fleix, et de ses domaines hors du Périgord (4).

1487. — Périgueux. — Pendant que Charles VIII était en Guienne, la ville de Périgueux lui envoya deux de ses consuls, à Pons (mars), pour lui jurer fidélité, au nom de la communauté.

Alain d'Albret, comte de Périgord, etc. — Le duc d'Orléans, depuis Louis XII, avait été vivement offensé que Louis XI et les états eussent donné le gouvernement du royaume et du jeune roi à Anne de Beaujeu. Le duc se mit à la tête des mécontents et reçut des secours d'Alain d'Albret (5).

En 1486, Albret, par l'ordre de Jean de Bourbon, connétable de France, qui faisait cause commune avec le duc d'Orléans, partit de ses terres, passa la Garonne, la Dordogne et l'Isle, répandit ses troupes sur les confins du Périgord et du Limousin, aux envi-

(1) Arch. de Pau, 3me inv., prép. P. et L., l, 496, n° 25.

(2) Arch. nat., reg. du tr. des ch., coté 218, p. 79.

(3) Ibid., ch. des comp. Languedoc, p. 378.

(4) Ibid. J 864, et rec. des tit. etc., p. 451.

(5) On l'appela *le grand*, à cause de ses richesses. Il était sire d'Albret, comte de Dreux et du Périgord, vicomte de Limoges, par sa femme Françoise de Blois, et prétendait, par cette alliance, au duché de Bretagne.

rons de Nontron, et finit par les concentrer à Nontron même, où il fut assiégé par l'armée royale et tellement serré de près qu'il fut contraint de requérir le comte de Candale, lieutenant du roi en Guienne, et les autres officiers qui étaient avec lui, de vouloir bien solliciter son pardon, et conclut un traité (1).

VARAIGNES. — Un document relatif à la chatellenie de Varaignes nous apprend en outre où se concentrérent les troupes qui firent le siège de Nontron ; c'est une demande en diminution de taille, suivie d'une ordonnance de dégrèvement par les élus du Périgord (2). On y lit : « Les manants et habitants de la châtellenie de Varaignes (expo» sent) qu'à l'occasion de la guerre qui a eu cours au pays de Pier» regort, ceste présente année, monseigneur de Candale, lieutenant » du roi..., les sénéchaux de Toulouse, Quercy, Agenais, Périgort, » assemblés audit lieu de Varaignes.. (y) ont demeuré deux jours » en attendant les uns les autres, pour aller mettre le siège devant » la place de Nontron, là où le seigneur d'Albret estoit dedans, en » quoy faisant ont gasté tous leurs biens de terre, comme faulché » les blez vers, et herbes, tué et mangé bœufz, vaches, veaulx, » moutons, pourceaulx, et en ont emporté lartz sallez, etc. ». Je crois devoir signaler, à ce propos, une pièce en mauvais état, dont la date est emportée, qui nous apprend que le vicomte de Limoges soutenait que Varaignes faisait partie de son vicomté (3).

BEAUREGARD, SAINT-LAZARE ET PEYRIGNAC. — Vers la même époque, ce même Alain d'Albret, sans doute toujours nécessiteux, vendit à Jean d'Aubusson, seigneur de Villac, les bourgs et paroisses de Beauregard, St-Lazare et Peyrignac.

---

(1) Arch. nat. reg. du tr. des ch., côté 219, p. 197. Un document trouvé dans les arch. de Lectoure, et communiqué par M. Métyvier de Florence, confirme tous ces détails. A ce propos, je dois faire observer qu'il y a, à Nontron, une maison qui porte le nom de maison de Candale, qu'on suppose dans la localité avoir été construite par ce seigneur, quand il est probable qu'il ne fit qu'y loger, et que la sculpture qu'on y voit encore, au lieu d'avoir été exécutée par ses ordres, fut commandée par le propriétaire de la maison, en mémoire de son hôte.

(2) Arch. nat. K. 73, n° 51.

(3) Arch. de Pau, 3e inv. pr. P. et L. 476, n° 6, l. 498, n° 28. St-Lazare et Beauregard furent rachetés plus tard.

Saint-Martin-le-Peint. — Une rixe à St-Martin-le-Peint, suscitée ce semble par une contrariété occasionnée au curé du lieu, amena mort d'homme, et des lettres de rémission passèrent l'éponge là-dessus (1).

1489. Montpazier. — Quelque temps après, un maréchal de Montpazier s'étant avisé de dire du mal de la maison de Biron, Brandelis de Gontaut, frère du seigneur de Biron, à travers une foule d'incidents parfaitement ménagés dans le récit, tua ce maréchal et s'arrangea de manière à faire croire à ceux qui ne demandaient pas mieux que d'être persuadés, que le tout était arrivé indépendamment de sa volonté, par suite de quoi il obtint sa rémission (2).

Hommage du vicomte de Turenne. — Cette année-là, le vicomte de Turenne, François de La Tour, fit hommage des terres de Limeuil, Miremont, Clarens, Paunat, Trémolat, Grandcastang, Longa et La Linde (3).

Subsides. — En 1490, Charles VIII ayant imposé un subside de 2,300,000 l. t. sur toute la France, le Périgord eut à y contribuer pour sa part, à raison de 13,077 l. t. (4), et comme ce roi était toujours à court d'argent, il adressa des lettres au receveur ordinaire du Périgord lui demandant l'avance d'un quartier de sa recette, pour payer les gens de pied, suisses, artillerie et autres frais extraordinaires de la guerre, tant en Bretagne qu'en Picardie (5).

1491. Saint-Pardoux-La-Rivière. — Au mois d'octobre 1490, sur la demande des habitants et à la recommandation de Jeanne de Guienne, sa parente, et sous-prieure, le roi établit deux foires et un marché à St-Pardoux-La-Rivière qui devaient se tenir : la première foire le lendemain du jour de Sainte-Anne ; la seconde, le lendemain de Sainte-Catherine, et le marché, tous les jeudis de chaque semaine (6). L'année d'après, ces foires furent changées ; la pre-

---

(1) Arch. nat., reg. tr. ch., coté 218, p. 113.

(2) Ibid., Reg. coté 221, p. 1.

(3) Ibid., pap. Bouillon, l. 1er, et Arch. de Pau, 3e inv. prép. P. et L. l. 198, n° 38.

(4) Arch. nat., K 74, n° 21.

(5) Arch. nat., K 59, n° 27.

(6) Ibid., Reg. du tr. des ch., coté 221, p. 115.

mière fut fixée au jour de sainte Anne, et la deuxième, au jour de Saint-Nicolas d'hiver (1).

Eymet. — Quelque temps après, il en établit deux autres à Eymet, sur la demande de Jean de Pellegrue, seigneur du lieu. Ces foires furent fixées l'une au premier jour de Carême, l'autre au 22 mai (2).

Puyguilhem. — Cette même année aussi il confirma les priviléges de Puyguilhem (3).

La ville et le comté de Périgord. — Le comté de Périgord, par suite de l'arrêt du Parlement de 1490, se trouvait hypothéqué à la ville de Périgueux. Un arrêt du même Parlement, rendu en 1490, en faveur du comte d'Angoulême, et dont il sera question plus bas, ayant accordé à ce comte le tiers du comté, la municipalité de Périgueux, au profit de laquelle cette hypothèque avait été réservée, prit le parti d'envoyer à Paris des fondés de procuration pour suivre l'affaire. Ces délégués furent en même temps chargés de s'occuper du commun de la paix des paroisses de St-Pierre-ès-Liens et de Coulounieix, et ils parvinrent à faire adjuger à la ville, par un autre arrêt, les ventes et autres objets destinés à délivrer ces paroisses (4).

Emprunt du roi. — Vers cette même époque, Charles VIII envoya des commissaires à Périgueux, pour un emprunt de 800 l. t., lesquelles ces commissaires garantirent par des lettres de décharge sur le trésorier des tailles de Périgord, à la prochaine assiette (5).

L'évêque et la ville. — Une discussion survenue entre l'évêque et la ville, au sujet des limites respectives de leurs juridictions, fut réglée par des experts, et les limites furent déterminées du côté d'Agonac, du côté de Coursac et du côté de Bassillac. Il est dit, en outre, dans l'acte rédigé à cette occasion, que l'évêque aura le droit de faire exécuter ses sentences dans un lieu près du palais épiscopal de la cité, avec cette réserve que la ville pourra toujours prendre, dans l'intérieur dudit lieu, les criminels lui appartenant et les enfermer dans ses prisons pour y être jugés.

(1) Ibid., Reg. coté 222, p. 222.
(2) Ibid., ibid., p. 91.
(3) Ibid., reg. coté 223, p. 61.
(4) Arch. de Périgueux, liv. jaune, fol. 55, r°.
(5) Ibid., fol. 51. Je suis très porté à croire que ce furent ces 800 l. t. qui servirent à désintéresser le chapitre St-Front, pour la cour du cellerier ; ce qui me le donne surtout à penser, c'est l'identité de la somme.

PÉAGE DE CHATEAU-L'ÉVÊQUE. — Comme tous les seigneurs de ce temps-là, l'évêque avait un droit de barrière ou de *travers* (droit de transit) dans son domaine de Château-l'Evêque. Les habitants de Périgueux en avaient, ce semble, toujours été exempts ; mais sans doute qu'à la suite du démêlé dont je viens de parler, on leur avait fait des difficultés ; par acte de 1491, il fut déclaré que les habitants de Périgueux seraient exempts de ce péage, comme par le passé (1).

PORTES DE PÉRIGUEUX. — Cette même année, on décida que la porte Limogeanne serait reconstruite, quelques autres portes réparées et qu'on ferait deux pilliers du pont de la Cité (2).

1492. SAINT-MARTIAL-DE-VIVEYROL. — St-Martial-de-Viveyrol, chef-lieu de châtellenie, était bien fréquenté par les marchands et par les voyageurs. Les habitants du lieu, en 1492, demandèrent et obtinrent trois foires par an et un marché par semaine. La première foire avait lieu le 12 février, la seconde le 21 mai, la troisième le 23 août ; le marché se tenait le lundi de chaque semaine (3).

1493. MONTRAVEL. — En 1493, Montravel (4) qui, durant les guerres avec les Anglais, avait été ruiné, se trouvait suffisamment repeuplé. André d'Epinay, cardinal du titre de St-Sylvestre et de St-Martin-aux-Monts, d'abord archevêque de Lyon et alors archevêque de Bordeaux, demanda et obtint que ce lieu fût entouré de fortifications (5).

LAVAUR. — Il s'éleva une contestation entre les seigneurs de Roquefeuil et de Biron, qui prétendaient que les hommages de la seigneurie de Lavaur (6) leur appartenaient, et le comte de Périgord qui les réclamait. Le roi ordonna au sénéchal de faire une enquête à cet égard (7).

LE PARIAGE. — Le pariage de La Chapelle-Agonnaguet, de Chalagnac, de Notre-Dame-de-Sanilhac, de Ste-Marie-de-Chignac, de Marsaneix, d'Eglise-Neuve, de Pissot d'Atur, de St-Laurent-du-

---

(1) Arch. de Périgueux, liv. jaune, fol. 51.
(2) Ibid., Ibid.
(3) Arch. nat., Reg. du tr. des ch., coté 226, p. 319.
(4) Commune de Lamothe-Montravel.
(5) Ibid., Reg. coté 226, p. 80.
(6) Canton de Villefranche-de-Belvès.
(7) Arch. de Pau, 2e inv, prép. P. et L., l. 81, n° 12.

Manoir et d'autres terres non désignées, avait été aliéné à une époque dont je n'ai pas trouvé la date. Le rachat eut lieu, en 1493, d'un commun accord entre le comte et le chapitre de St-Front (1).

CHATELLENIE D'ANS. — La châtellenie d'Ans, aliénée quelques années auparavant, fut rachetée en 1493 (2).

FINANCES. — Les finances de l'Etat étaient toujours en déficit. En 1493, pour couvrir les dépenses ordinaires, l'arriéré occasionné par la descente des Anglais à Boulogne et les courses de Maximilien d'Autriche en Bourgogne et en Champagne, les impôts s'accrurent de telle façon que la part du Périgord s'éleva à 14,300 l. t. (3).

1494. — LIMEUIL. — Antoine de Latour, vicomte de Turenne, seigneur de Limeuil, de Miremont, de Clarens, etc., fit don à un certain clerc du nom de Mondiol de quatre quartonnées de terrain (68 ares et 48 centiares), sa vie durant, pour se construire une chambre, se faire un jardin, se planter une vigne, afin qu'il pût plus commodément se livrer à son ministère de prêtre (4).

FINANCES. — La somme de 14,300 l. t., plus 615 l. t., pour les frais, furent encore imposées en Périgord, pour l'année 1494 (5).

1495. — DOMME. — Création à Domme de quatre foires par an, et d'un marché par semaine, qui devaient avoir lieu, la première le 17 janvier, la seconde le premier jeudi de carême, la troisième et la quatrième le 9 novembre et le marché le vendredi (6).

LE PARLEMENT DE BORDEAUX A BERGERAC. — Au quinzième siècle, Bordeaux était éprouvé, à peu près tous les ans, par des fièvres paludéennes appelées fièvres automnales. Pour échapper à cette épidémie, le Parlement quittait tous les ans la capitale de la Guienne et se transportait dans une ville de la province ; cette année il alla s'installer à Bergerac (7).

BADEFOLS D'ANS. — Allain d'Albret et Jean, roi de Navarre, son

(1) Ibid., Ibid., Ibid., n° 13.
(2) Arch. de Pau, 2e inv. prép., P. et L., l. 81, n° 14.
(3) Arch. nat. k 75, n° 2 bis.
(4) Bibl. nat., pap. Leydet, 2e rec., 1re partie.
(5) Arch. nat., k 75, n° 9.
(6) Documents sur Dôme, par Lascoux, p. 32.
(7) Statistique de la Gironde, par Jouannet, t. 1, p. 160.

fils, de qui dépendait le comté de Périgord, aliénaient incessamment quelque partie de ce comté. En 1495, ils vendirent la justice de Badefol-d'Ans et la terre de Lacipière, à Marguerite de Pompadour, moyennant 800 l. t. (1).

1496. — EXCIDEUIL. — Par suite des guerres, et dans un incendie, Excideuil avait perdu le titre de ses privilèges, ce qui était une source d'embarras pour les habitants. Une réclamation fut adressée à Charles VIII, qui, par lettres données à Lyon, en mai 1496, les rétablit et ordonna que ces nouvelles franchises fussent respectées (2).

Ces lettres furent vidimées par Louis XII, en 1501 (3).

LIMEUIL. — Antoine de La Tour, vicomte de Turenne, seigneur de Limeuil, etc., en 1496, fit hommage à Charles VIII de Limeuil, Miremont, Clerens, Paunat, Trémolat, Longa, La Linde et Grand-Castang (4).

VERGN. — Alain d'Albret, comme comte de Périgord, avait vendu la seigneurie de Vergn à Jean d'Abzac, seigneur de La Douze, avec la réserve du retrait féodal. Le délai légal pour ce retrait allait expirer ; Jean d'Abzac accorda à Alain d'Albret un nouveau délai (5).

COMTÉ DE PÉRIGORD. — Jean d'Albret, roi de Navarre, prit possession du comté de Périgord, le 1er décembre 1496 (6).

1497. — MUSSIDAN. — Mussidan sollicita et obtint, en mai 1497, par l'entremise de Marguerite de Larochefoucault, dame du lieu, quatre foires et un marché, qui devaient avoir lieu : la première, le 3 février ; la seconde, le 25 juillet ; la troisième, le 21 septembre ; la quatrième, le 6 novembre et le marché tous les samedis (7).

CHATELLENIE D'ANS. — Relevé de la valeur du revenu des paroisses de Saint-Pantaly-d'Ans, de Brouchaud et de Saint-Pardoux-d'Ans (8) ;

(1) Arch. de Pau, 2e inv., prép. P. et L., l. 82, n° 2.
(2) Arch. nat., reg. du tr. des ch., coté 227, p. 21.
(3) Ibid., reg. 231, p. 137.
(4) Arch. de Pau, 3e inv., prép. P. et L., l. 493, n° 38.
(5) Ibid., ibid., l. 498, n° 30.
(6) Bibl. nat., coll. Doat, reg. 146, Périgord, t. v, fol. 15.
(7) Arch. nat., reg. du tr. des ch., coté 227. p. 513.
(8) Arch. de Pau, 3e inv., prép. P. et L., l. 498, n° 12.

et aliénation de ces paroisses, dépendant de la châtellenie d'Ans, vendues à Poncet de Marqueissat, 2,000 l. t. (1).

1498. — Charles VIII étant mort d'un accident, le 7 avril 1498, dans sa 28e année, le duc d'Orléans, qui lui avait été toujours plus ou moins hostile, monta sur le trône à sa place, et sut se faire aimer des populations au moins autant que lui, sinon davantage.

PÉRIGUEUX. — Dès le 30 juin, Périgueux députa auprès de lui et lui fit hommage par procuration (2).

LIMEUIL. — De son côté, le seigneur de Limeuil lui fit également hommage, le 8 juillet, pour Limeuil, Miremont, Clerens, Paunat, Trémolat, Longua, La Linde et Grand-Castang (3).

SAINT-ASTIER. — Dans le cours de ce même mois de juillet, et sur la demande de Louis de Salignac, abbé du lieu, il accorda à Saint-Astier trois foires et un marché qui s'y tenaient autrefois et que les guerres avaient fait tomber en désuétude. Les foires devaient avoir lieu : la première, le premier vendredi de carême ; la deuxième, le jour de la translation de Saint-Astier (le 28 avril) ; la troisième, le jour de la fête de Saint-Astier (21 octobre), et le marché tous les lundis (4).

DOMAINE DE PÉRIGORD. — Le 22 décembre 1498, Alain d'Albret donna commission à Jean de Puyguion, son maitre d'hôtel, et à Jean Guitard, juge des appeaux du vicomté de Limoges, de réformer le domaine de Périgord et de Limousin (5).

Cette commission fut ratifiée par Jean d'Albret, le 27 du même mois (6).

1499. — SERMENT DE L'ÉVÊQUE GABRIEL DUMAS, LORS DE SON ENTRÉE A PÉRIGUEUX. — Nous avons déjà vu divers évêques prêter serment à la communauté, avant de faire leur entrée solennelle. A leur imitation, Gabriel Dumas, le 20 janvier 1499, se présenta à la *porte romaine*, où il fut reçu par le maire et les consuls, prêta le serment,

(1) Arch. de Pau, 3e inv., prép. P. et L., l. 524, n° 20.
(2) Arch. nat., J. 861.
(3) Arch. de Pau, 3e invent., prép. P. et L., l. 493, n° 38.
(4) Arch. nat., reg. du tr. des ch., coté 230, p. 292.
(5) Arch. de Pau, 3e inv. prép. P, et L., l. 496, n° 15.
(6) Ibid., ibid., ibid., n° 16.

selon la formule, et se rendit ensuite à la cathédrale. Une note nous apprend qu'à cette entrée assistaient les seigneurs de Biron, de Mareuil, de Grignols, de Ribeyrac, de Chambrillac, de Montagrier, de Bergerac (1), de Freyssinet, de La Douze, de Conqueret (2), de Montréal, de Lisle, le juge-mage et plusieurs autres officiers et nobles de la sénéchaussée et du diocèse (3).

LANQUAIS. — Au mois d'août suivant, Louis XII confirma les privilèges de Lanquais, en faveur de François de La Cropte, seigneur dudit lieu (4).

1500. — NONTRON. — Alain d'Albret, agissant tant en son nom qu'en celui de Jean, son fils, roi de Navarre, poursuivait toujours ses aliénations. Le 10 janvier 1500, il vendit à Dauphin Pastoureau, seigneur du Brueil, habitant de Nontron, pour le prix de 4,500 l. t., la ville, terre et baronnie de Nontron, avec la juridiction et tous autres droits, sauf le château, le ressort et la juridiction de la ville proprement dite (5).

MONTIGNAC. — Le 19 février suivant, il vendit encore à Philippe de Comines, auteur des mémoires sur le règne de Louis XI et seigneur d'Argenton, deux cents écus de rente à percevoir sur Montignac (6).

BOURDEILLE, BERTRIC, CASTELNAUD, RIBEYRAC, ETC. — Jean, roi de Navarre, comte de Périgord, etc., ayant manifesté le désir de rentrer, par le retrait féodal, dans les domaines engagés pendant sa jeunesse, des lettres de Louis XII enjoignirent au sénéchal de Périgord d'assembler les acquéreurs et de cesser les ventes, pourvu que ce prince restituât les prix payés. Les domaines engagés pour le Périgord étaient Bourdeille et Bertric, au seigneur de Latour-blanche ; Castelnaud, au seigneur de Villac ; Ribeyrac, à Ode d'Aidic, etc. (7).

---

(1) Inconnu.

(2) Inconnu.

(3) Rec. de tit. etc., p. 406.

(4) Arch. nat., reg. du tr. des ch., coté 232, p. 85.

(5) Arch. de Pau, 2e inv. prép. P. et L., l. 83, no 4, et 3e inv. prép. P. et L., l. 496, no 20.

(6) Arch. de Pau, 4e inv., prép. P. et L., l. 556, no 11.

(7) Ibid., ibid., ibid., l. 498, nos 4 et 14.

LIVRE VII.

CHAPITRE III.

Les comtes et le comté de Périgord.

Les ducs d'Orléans, comtes de Périgord. — Louis d'Orléans. — On a vu plus haut que la donation du comté de Périgord à Louis, duc d'Orléans, fut la conséquence de l'indigne conduite d'Archambaud VI.

Cette donation comprenait *le comté de Périgord avec son titre, le château et la châtellenie, le château d'Auberoche, le comté de Bourdeille, le château de Montignac, le château de Razac, la terre de Vergn, le château et la terre de Roussille, la ville et châtellenie de Montpon, le château et la châtellenie de Bénévent, le château de Montignac-le-Petit, le Puy-de-Chaluz, la terre de la paroisse de Plazac, la ville de Caussade, le lieu de Mon'alsat, le lieu de Molières, Villefranche et Cordes*; les cinq dernières localités hors du Périgord. La donation, comme on sait, porte la date du 23 janvier 1400; elle fut enregistrée à la chambre des comptes, le 24 mars suivant. L'hommage du duc d'Orléans, pour ce comté, avait précédé l'enregistrement, et porta la date du jour même de la donation. La prise de possession, comme il a été dit, se fit en juillet et août. Louis d'Orléans jouit de ce comté, très probablement sans l'avoir visité, jusqu'en 1407, qu'il fut assassiné par les partisans du duc de Bourgogne.

En mourant, il laissa deux fils et une fille; Charles, d'abord comte d'Angoulême, qui prit le titre de duc d'Orléans à la mort de son père; Jean qui reçut celui de comte d'Angoulême, à la place de son frère; et Marguerite, qui se maria avec Richard de Bretagne, comte d'Etampes; elle est connue, dans l'histoire, sous le nom de comtesse d'Etampes.

Charles d'Orléans. — Louis eut, sinon pour successeur du

moins pour représentant au comté de Périgord, Charles, son fils aîné, qui, après avoir disposé de ce comté en faveur de Jean, bâtard d'Orléans, son frère naturel, le reprit, sur la demande expresse du bâtard, et le rendit à Jean de Blois, comte de Penthièvre, par l'entremise de ce même bâtard, fondé de sa procuration, pour payer sa rançon et celle de son frère Jean, comte d'Angoulême.

Jean de Blois. — A partir de cette vente (4 mars 1437), le comté fut joui par Jean de Blois, seigneur de Laigle, comte de Penthièvre, etc. J'ai raconté ailleurs les exploits de Jean de Blois, les services qu'il rendit à la couronne, et son zèle à débarrasser le Périgord des Anglais.

Guillaume de Blois. — Comme il mourut sans enfants, en 1454, il eut pour successeur son frère, Guillaume de Blois, qui décéda lui-même en 1455, laissant trois filles, dont Françoise, l'aînée, lui succéda, et se maria, en 1470, avec Alain d'Albret. Françoise eût quatre enfants mâles et quatre filles, dont Jean, roi de Navarre, le premier de tous, partagea avec son père le titre de comte de Périgord, à la mort de sa mère, arrivée vers 1481. Le père et le fils vivaient encore l'un et l'autre en 1500.

La hiérarchie des comtes de Périgord ainsi établie, depuis le bannissement d'Archambaud VI, examinons ce qu'il advint du comté et des prétentions de tous ceux qui se crurent appelés à bénéficier de quelques-unes de ses parties.

J'ai fait ressortir, ailleurs, tout le ridicule des détails essentiellement romanesques, si audacieusement groupés par Lagrange-Chancel, dans sa prétendue histoire du Périgord ; je ne reviendrai donc pas là-dessus. J'ai également parlé de la démarche de François de Montberon et de sa femme, Louise de Clermont, au sujet du testament d'Archambaud VI, en 1435 ; je n'ai donc pas besoin d'entrer dans de nouvelles explications à propos de cette démarche ; mais, comme le nombre des prétendants à ce comté ou à quelques-unes de ses parties ne se limitait pas aux descendants directs des comtes de Périgord, il est bon, je crois, avant d'aller plus loin, d'énumérer tous les réclamants.

La vente du comté ne fut ratifiée que par Charles, et ne le fut qu'à son retour d'Angleterre (1441). Quelques jours après, dans un partage entre ce même Charles et sa sœur Marguerite, il était dit

expressément : « En ce présent partage et division, ne sont aucu-
» nement comprinses les terres et seigneuries........ de la comté de
» Pierregort...... lesquelles mondit seigneur ne tient point de
» présent ; mais sont occupées par autres ; esquelles terres et
» seigneuries madite dame aura et pourra demander telle partie et
» portion qu'il lui en appartient et peut compecter et appartenir,
» selon droict et les usages et coustumes ou elles sont » (1). C'est en vertu de ce partage que Marguerite, en 1449, fit à Jean de Blois la demande signalée plus haut. De son côté, le comte d'Angoulême, à l'avénement de Louis XI (1461), fit hommage à ce roi de ses comtés d'Angoulême et de Périgord. De ces deux réclamants, la descendance d'un seul poursuivit les prétentions de son auteur.

Peu de temps après la vente à Jean de Blois, le procureur général au Parlement de Paris se croit aussi obligé d'intervenir pour demander et l'annulation de cette vente et le retour du comté au domaine de la couronne (2). Telle était la situation en 1462.

Dans le cours de cette année, le Parlement rendit un arrêt en faveur des tuteurs de Françoise de Bretagne contre le duc d'Orléans, pour la garantir sur la possession du comté de Périgord, dans le procès qu'elle avait à soutenir contre le comte d'Angoulême et la comtesse d'Etampes (3) ; tandis que le duc d'Orléans et le comte d'Angoulême faisaient entre eux un arrangement au sujet du procés qu'ils avaient avec Françoise, représentée par ses tuteurs (4).

La comtesse d'Etampes mourut en 1466, laissant pour la représenter François II, duc de Bretagne, et des filles.

Le duc ni ses sœurs ne s'occupèrent plus des prétentions de leur mère sur le comté de Périgord.

Le comte d'Angoulême n'était plus de ce monde en 1467 ; mais ses droits étaient représentés par Charles, son fils, qui ne démordit en rien des prétentions de son père.

De leur côté, les Penthièvre, relevés de la chute terrible qu'ils avaient faite, par la sage conduite et le haut mérite de Jean, acquéreur du comté de Périgord, n'étant plus d'accord entre eux, affi-

---

(1) Arch. nat., sect. dom., ch. des compt., nos 3 et 124 bis.
(2) Arch. nat., sect. dom., Q. 171-172.
(3) Arch. de Pau, 2e inv. prép. P. et L., l. 81, n° 1.
(4) Ibid., ibid., n° 15.

chèrent tour à tour des prétentions sur ce même comté, pendant plus d'un demi siècle.

Le premier réclamant fut une sœur de Jean, du nom de Nicole, héritière du comté de Penthièvre.

Nous avons un arrêt du Parlement de Paris en sa faveur, contre les tuteurs de Françoise de Bretagne (mars 1479) (1). Ce jugement fut rendu à la suite du don du bailliage de St-Astier, St-Louis, etc., que lui avait fait Louis XI, quelque temps auparavant (janvier même année) (2).

Nous avons aussi la commission donnée à Guillaume de Cambrai, exécuteur de l'arrêt (3) ; mais c'est tout, et l'on ne voit pas que le don ni l'arrêt aient eu de suite. Nicole mourut vers la fin du XVe siècle, et sa postérité ne s'occupa plus après elle du comté de Périgord. Vint ensuite Charlotte de Bretagne, fille de Guillaume, frère de Jean, et femme d'André de Villequier, seigneur de Montrésor, connue par cela sous le nom de *dame de Montrésor*, que nous trouverons poursuivant avec ardeur Alain d'Albret et son fils Jean, roi de Navarre. Revenons maintenant aux Montberon, dont les prétentions s'affaiblissaient à mesure que le temps marchait.

On avait bien sans doute continué les démarches commencées, puisque nous avons une consultation qui parait avoir été faite au temps d'Eustache de Montberon, mort au commencement du XVIe siècle ; mais, dit Choppin (4), tout se borna toujours à des requêtes au Parlement, renouvelées deux fois de siècle en siècle, jusqu'à ce que l'affaire fût abandonnée, comme le prouve suffisamment ce que ce même Choppin rapporte de l'action intentée par le procureur général. « L'advocat du roy, en la cour de Parlement, soustint la » vendition estre nulle, et que le possesseur du comté, à tiltre » d'apanage, avoit les mains liées et estoit interdict d'aliéner, si ce » n'estoit avec congé et permission du roy ; que Périgord faisoit » une bonne partie de l'apanage donné à Loys, père des vendeurs... » Que ladicte seigneurie n'avoit esté donnée qu'à temps et à la

(1) Bibl. nat., papiers Lespine, 1er cart des villes closes.

(2) Ibid., coll. Doat. Reg. 145, Périgord, t. IV, fol. 232.

(3) Arch. de Pau, 3e inv. prép. P. et L., l. 506, no 9.

(4) Trois livres du domaine de la couronne de France, etc. Ed. fr., in-fol., p. 61.

» charge de la reversion, et encores qu'il eust esté purement et » simplement donné, toutesfois il n'estoit loisible de l'hypothé- » quer.... En ceste cause du comté de Périgort, royale et doma- » niale, s'opposa le comte d'Angoulême, qui allégua qu'il avoit esté » lésé et déçeu en la susdite vente, demanda d'estre restitué à l'en- » contre d'icelle. Le procureur du roy fut débouté de ses conclu- » sions ; mais le comte d'Angoulesme fut relevé et restitué pour un » tiers dudit comté de Périgort, contre le seigneur d'Albret, héri- » tier de l'acquéreur, du costé de sa mère, par arrêt de la cour du » Parlement de Paris, du 28 mai 1490 (1). Depuis, le duc d'Or- » léans et le comte de Dunois, vendeurs, furent condamnés, pour la » garantie et indemnité du seigneur d'Albret, et à le désintéresser » entiérement, sur tous les dommages et intérêts par luy prétendus, » par arrêt en recours de garantie du 7 septembre 1496 » (2).

Les choses en étant arrivées là entre le sire d'Albret et les représentants du comte d'Angoulême ; il n'y avait plus qu'un arrangement à faire, et c'est ce qui eut lieu. Nous trouvons, en effet, qu'au mois de février 1497, Jean de Navarre, comte de Périgord, nomma un fondé de procuration pour conférer avec les représentants de Louise, comtesse d'Angoulême, mère de François Ier, dans le but d'arranger le différend existant entre ladite Louise et ses enfants, d'une part, et lui de l'autre, au sujet de la tierce partie du comté de Périgord (3) ; et nous constatons que cette démarche avait pour origine une tentative de rapprochement faite avant le prononcé du jugement de 1496 (4). Ce qui prouve d'ailleurs que l'arrangement se fit, c'est que, quelques mois après, le roi de Navarre prit possession du comté (5), et, d'accord avec son père, en ordonna la réformation, c'est-à-dire la réorganisation l'année suivante (6) ; et qu'en 1499, le roi Louis XII, dans le but évidemment d'en finir avec ce procès, assigna 1,200 livres de rente à la comtesse d'Angoulême, agissant au

(1) Arch. de Pau, 2e inv. prép. P. et L., l. 81, nº 4 et l. 86, nº 10.

(2) Les trois livres du domaine, etc., p. 478.

(3) Arch. de Pau, 3e inv. prép. P. et L., l. 497, nº 20.

(4) Ibid., 2e inv. prép. P. et L., l. 83, nº 3.

(5) Ibid., 3e inv. prép. P. et L., l, 511. nº 14.

(6) Ibid., ibid., l. 496, nos 15 et 16.

nom de ses enfants, en dédommagement de la tierce partie du comté de Périgord, à laquelle elle renonçait (1).

Telle fut la fin de cette question domaniale, soulevée par la vente du comté et qui durait depuis plus de soixante ans. Voyons maintenant celle qui avait été soulevée par la dame de Montrésor.

Cette fille de Guillaume de Bretagne prétendait avoir sa part au comté, comme sa sœur Françoise, et poursuivait Alain d'Albret, mari de sa sœur, pour ce qu'elle appelait sa légitime. Nous n'avons pas toutes les pièces du procès ; mais il reste encore des écritures, informes pour la plupart, et sans date certaine, qui, sans nous apprendre rien de positif sur sa marche, et encore moins sur son résultat, nous donnent la mesure de l'insistance de la demanderesse, qui poursuivait encore en 1500 (2). Toutefois, à en juger par les résultats, comme en définitive nous ne trouvons ni condamnation, ni arrangement, ni démembrement de domaine, nous devons croire que, si la maison d'Albret fut obligée d'accorder quelque satisfaction à la dame de Montrésor, cette satisfaction fut tellement minime qu'il n'en reste aucune trace.

Voyons maintenant si nous pourrons bien nous rendre compte de la consistance du comté de Périgord, au xve siècle.

Consistance du comté de Périgord au xve siècle. — Pour bien apprécier l'état de ce comté et se faire une juste idée de sa consistance, au xve siècle, il faut remonter à la prise de possession par Regnault de Sens, au nom du duc d'Orléans, dont le procès-verbal se résume comme il suit :

1° A Périgueux. — *La cour du Cellerier* en commun avec le chapitre de Saint-Front ; *le pariage*, pareillement en commun avec le chapitre ; *la cour du juge d'appel ; le droit de patronage* des douze chapellenies fondées en l'église de Saint-Front par le cardinal de Périgord ; le même droit pour les vingt-quatre étudiants du collége de Périgord à Toulouse, fondé par le même.

2° A Bourdeille. — Le château, qualifié du titre de comté, mais ne formant qu'une châtellenie dont dépendaient *Biras*, *Bussac*,

(1) Arch. nat., Reg. des ord. de Louis XII, coté J, fol. 60. Il y a beaucoup d'écritures sans date qu'il est bien difficile de classer.

(2) Arch. de Pau, 3e inv. prép, P. et L., 1. 506, n° 7.

Puy-de-Fourches, *Valeuil*, *Félis*, *Peaussac*, *Saint-Vivien*, *Saint-Just*, la moitié des paroisses de *Bourdeille*, de *Lisle*, *d'Agonnaguet* et de *Laiguillac*, et des rentes et droits sur les paroisses de *Dorle* (1), de *Tocane*, de *Celles* et de *Bertric*.

3° Auberoche. — Le château et dépendances avec titre de châtellenie, composée de quinze paroisses qui étaient : *Le Change*, *Sarlhiac*, *Cubjac*, *Montagnac-d'Auberoche*, *Lymeyrac*, *Azac*, *Faussemagne*, *Saint-Crépin*, *Saint-Pierre-de-Chignac*, *Blis*, *Eilliac*, *Trigonan*, *Antonne*, *Saint-Antoine*, *Milhac-d'Auberoche*.

4° Montignac. — Ville close, château et châtellenie, composée des onze paroisses suivantes : *Saint-Pierre-de-Montignac*, *Auriac*, *Sern* (La Bachellerie), *Le Cheylac* (réuni aux Farges), *Fanlac*, *Bartz*, *Saint-Léon-sur-Vézère*, *Thonac*, *Valejoux*, *Brénac*, *Aubaz*, et certaines personnes d'*Azerac*.

Voici maintenant l'état des revenus de ces grands domaines, conformément au relevé qu'en fit Regnault de Sens. Ces revenus avaient trois sources différentes : 1° Ils étaient perçus en nature ; 2° ils se prélevaient en argent ; 3° enfin ils étaient le produit des fermages.

Les revenus en nature provenaient du *froment*, du *seigle*, de *l'orge*, de *l'avoine*, des *fèves*, des *châtaignes*, du *vin*, de la *cire*, des *chapons*, des *gelines* et de la *chasse*. Sur chacune de ces denrées, on prenait une portion déterminée d'avance qui revenait au seigneur.

Les revenus en argent étaient tirés des cens, rentes, faymidroit (2), layde (3), et autres droits qui s'acquittaient en argent, les uns à termes fixes, les autres à mesure de la consommation.

Les fermages portaient sur les écritures, les prévôtés, les baillies, le commun de la paix, les péages, les fours, les moulins, les prairies, les bordes, les bois, la pêche, etc.

On faisait rentrer ces revenus, à la St-Jean-Baptiste (24 juin), à la

---

(1) Je n'ai pu fixer les lieux correspondant à Félis et Dorle. Il y a sans doute altération de nom.

(2) J'ai dit ailleurs que le *faymidroit* a la basse justice foncière des seigneurs sur ceux qui leur devaient cens, rentes et autres devoirs. On dérive ce mot de JUS INFIRMI DOMINII, *droit du petit domaine*.

(3) La *layde* était le droit d'octroi d'aujourd'hui. On payait aussi quelquefois ce droit en nature.

Saint-Pierre-ès-Liens (1er août), à l'invention de Saint-Etienne (3 août), à la Saint-Laurent (10 août), à l'Assomption (15 août), à la décollation de Saint-Jean-Baptiste (29 août), à la nativité de la Vierge (8 septembre), à l'exaltation de la croix (14 septembre), à la Saint-Michel (29 septembre), à la Toussaint (1er novembre), à la Saint-Martin-d'Hiver (11 novembre), à la nativité du Seigneur (Noël, 25 décembre), à l'Epiphanie (7 janvier), à la Saint-Hilaire (14 janvier), à la Purification (2 février), le premier mars, le premier dimanche de Carême, le jour de Pâques fleuries (le dimanche des Rameaux), le jour des grandes Pâques, le jour de l'Ascension, le jour de la Pentecôte.

Tout ce qui était prélevé en argent devait s'acquitter en monnaie périgourdine, dont la valeur était inférieure à la monnaie royale dans des proportions incessamment variables. Nous n'avons pas de détails précis sur le château et la châtellenie de Razac; sur le château et la châtellenie de Vergn; sur le château, terre et châtellenie de Roussille; nous savons seulement que, dans ces trois domaines, au moment de l'occupation par le duc d'Orléans, les châteaux étaient abattus, et que les recettes se faisaient à Montignac.

Nous savons aussi que la ville et le château de Montpaon étaient occupés par les Anglais, qui en percevaient les revenus. Il est bon de dire cependant que la ville et son château étaient ruinés par la guerre, et que le château lui-même était abattu. Nous savons encore que le château et la châtellenie de Bénévent étaient occupés par le sire de Mussidan; que le château de Montignac-le-Petit était aux mains du captal de Buch, et que le sire de Duras tenait le Puy-de-Chaluz.

Le nouveau comte était, en outre, entré en possession de la terre de la paroisse de Plazac, dont il avait le tiers du revenu et la huitième partie de la juridiction; de la baillie de Manaurie, répondant en recette à Montignac; et de divers domaines dans le Quercy, le Rouergue et le Toulousain.

Pour apprécier la valeur des revenus de ces domaines en monnaie de notre époque, il faudrait, non seulement dépouiller avec patience les nombreux registres de recettes et dépenses qui nous restent, mais encore faire des études spéciales, avoir beaucoup de temps et posséder des connaissances qui me manquent. A d'autres donc le soin de faire ce travail qui ne laisserait pas que d'être très curieux et très utile. J'ajouterai que ceux qui voudront l'entreprendre en trouveront tous les éléments dans les archives de Pau.

LIVRE VII

CHAPITRE IV

Mouvement religieux.

RAIMOND DE BRETENOUX. — Nous n'avons aucun détail sur le mouvement religieux des années 1400-1401-1402. Pierre de Durfort étant mort à la fin de l'année 1403, Benoit XIII, par bulle du 24 janvier 1404, appela Raimond de Bretenoux, évêque de Sarlat, à le remplacer sur le siège de Périgueux, qu'il occupa, paraît-il, jusqu'en 1413, époque à laquelle il fut transféré à Lombès par le pape Jean XXIII. Raimond de Bretenoux prit part au concile de Pise.

La rareté des renseignements parvenus jusqu'à nous sur les événements religieux de la fin du XIVe siècle, persiste pour le commencement du XVe, avec cette différence essentiellement fâcheuse, qu'elle se complique d'une confusion générale prenant sa source dans le schisme dont l'influence se faisait de plus en plus sentir. Je n'ai pas la prétention de débrouiller cet espèce de chaos, mais je veux présenter, avec le plus d'ordre possible, la liste de tous les personnages qui prirent ou portèrent le nom d'évêque de Périgueux. Le père Dupuy parle de Jean, qui aurait été revêtu de cette dignité, en 1407 (1). M. l'abbé Audierne, de son côté, nous signale Bernard et Chrétien, qui se l'attribuaient en 1407 et 1408 (2). Il mentionne aussi Raimond de Peyrusse d'Escart, que Jean XXIII aurait élevé à ce siège, en 1413 ; Gantonnet d'Abzac, que nous avons vu chef de bande, et qu'on aurait voulu faire évêque ; Etienne, de l'ordre des

---

(1) *L'estat de l'église du Périgord*, t. II, p. 129.

(2) Calendrier de la Dordogne de 1836, p. 220.

frères prêcheurs, nommé en 1415, et enfin Bérenger d'Arpajon, qui aurait été appelé au siège, le 14 mars 1414 (1).

Geoffroi Bérenger d'Arpajon. — Selon toutes les probabilités, le seul évêque authentique de Périgueux, après Raimond de Bretenoux, fut Bérenger d'Arpajon, ou plutôt Geoffroi Raimond Bérenger d'Arpajon qui, nommé au commencement de 1414, se trouvait tout naturellement remplacer Raimond, quand bien même cela ne serait pas expressément dit dans sa bulle de nomination.

Geoffroi Raimond Bérenger d'Arpajon, qu'on suppose originaire de la maison d'Arpajon du Rouergue, quoiqu'il ne figure pas dans la généalogie de cette famille, était prévôt de l'église collégiale de Beaumont, diocèse de Vabres, lorsqu'il fut appelé au siège de Périgueux. Il administra ce diocèse ou du moins en fut l'évêque jusqu'en 1437, c'est-à-dire pendant près de 23 ans. C'était un homme de talent, très instruit et jouissant d'une réputation méritée. Il prit part au concile de Bâle et y fut désigné comme l'un des trois juges chargés d'examiner toutes causes dévolues à l'assemblée en dehors de celles qui appartenaient à la foi (2). M. l'abbé Audierne a avancé qu'à la suite du coup d'autorité tenté par le pape Eugène IV, au concile de Bâle, il fut chargé d'appeler trois fois à haute et intelligible voix, ce pape, dont plus tard, néanmoins, il sembla se faire le partisan, ce qui cependant n'eut pas lieu. Si ce que dit M. l'abbé Audierne était exact, il en résulterait que Bérenger ne serait pas mort en 1437, puisque le concile ne fut transféré à Florence qu'en 1438 ; mais, comme la bulle qui nomme son successeur est datée du mois de novembre 1437, il n'y a pas à hésiter sur l'époque de sa mort ni sur la mission qu'il eut d'appeler Eugène IV. J'admets d'abord volontiers qu'il mourut à Beaumont, diocèse de Vabres, non pas parce que la guerre avec les Anglais rendait le séjour de Périgueux dangereux, comme le pense M. l'abbé Audierne, ce qui n'est pas croyable, puisque nous allons voir son successeur y faire tranquillement son entrée solennelle ; mais parce qu'il s'y trouvait

---

(1) Calendrier de la Dordogne de 1836, p. 221.

(2) Comparer : la *Notice historique des évêques de Périgueux*, par M. l'abbé Audierne ; l'*estat de l'église du Périgord*, du père Dupuy ; les *Antiquités du Périgord et du Sarladais*, du chanoine Tardes, et le *Clergé de France*, de l'abbé Du Temps.

mieux qu'en Périgord, où les évêques concurrents, que lui avait suscités le schisme, ne lui permettaient ni de vivre en paix, ni de travailler à faire prospérer son église ; car nous ne trouvons nulle part la moindre trace de son passage dans ce diocèse (1).

Il pourrait bien se faire aussi qu'il se tenait à Beaumont pour éviter de se trouver en contact avec Jean de Bretagne, qui revenait à flot, et qu'il avait molesté, à propos d'un clerc qu'on l'accusait d'avoir battu (1433) et contre lequel il avait obtenu une sentence du pape (2). Sans compter qu'il avait aussi été chargé par le concile de Bâle de contraindre les prélats, officiaux, chapitres et notaires de Périgord, de Limousin et Saintonge, d'exhiber à Jean de Trillia les pièces qui pourraient lui être nécessaires pour le procès qu'il avait contre ledit Jean de Bretagne, appelant audit concile des attentats contre lui commis par le patriarche d'Antioche et ledit évêque de Périgueux (3).

HÉLIE DE BOURDEILLE. — Le successeur de Geoffroi Raimond Bérenger était issu de la famille de Bourdeille, et s'appelait Hélie. Il était fils d'Arnaut de Bourdeille, sénéchal et lieutenant du roi en Périgord. N'ayant pas l'âge réglementaire pour occuper un siége épiscopal, lorsqu'il fut désigné pour remplacer Bérenger, le pape Eugène IV, en le nommant évêque, lui accorda les dispenses nécessaires en pareille occurence. Telle qu'elle nous a été racontée, la vie de cet évêque est trop légendaire pour qu'il ne soit pas nécessaire de la résumer avec une certaine réserve, sans toutefois porter atteinte à la vérité.

De ce qu'on raconte, il parait établi que, ainsi que cela arrive trop souvent surtout de nos jours, les parents d'Hélie confièrent son éducation à un certain frère mineur, tout préoccupé de recruter des fils de familles puissantes pour son couvent. Le frère mineur s'attacha à diriger les idées de l'enfant vers l'esprit religieux, et réussit si bien à l'attacher que, quand son père et sa mère

---

(1) A toutes les époques, le premier soin des écrivains religieux a été d'étouffer la vérité quand il s'est agi des désordres suscités par l'Eglise. Il est incontestable que le schisme d'Occident fit dix fois plus de mal que la guerre avec les Anglais ; mais on a trouvé commode de jeter tout sur la guerre.

(2) Bibl. nat., coll. Doat, Reg. 144, Périgord, t. III, fol. 249.

(3) Ibid., ibid., ibid., fol. 265.

s'aperçurent de ce qui se passait, il était trop tard pour revenir sur ce qui était fait. Il fallut donc le laisser entrer dans l'ordre des frères mineurs, conformément à ses désirs et à sa résolution bien arrêtée. Il était cependant fort jeune lorsqu'il prit cette détermination, mais il montra tant d'ardeur pour l'étude, tant de dévouement à la cause qu'il avait embrassée, qu'il fut bientôt considéré comme un des plus solides champions de la religion. Il avait à peine vingt-quatre ans lorsque l'évêché de Périgueux se trouva vaquant, et, avec une véritable spontanéité, qui faisait le plus grand honneur à son caractère, il fut unanimement désigné par les chanoines pour remplacer Bérenger. On a vu ce qui arriva.

Il fut nommé le 27 novembre 1437, et prit possession de son évêché, en faisant son entrée solennelle, le 3 août de la même année ; ce qui est évidemment une erreur matérielle, fruit d'une inconséquence ou d'une légèreté sans exemple. Il faut lire 1438 (1).

Son premier soin, parait-il, fut de faire une rude guerre aux jureurs, blasphémateurs ; mais de prime-abord il sembla dépasser le but. Soit en haine de sa rigidité, soit pour tout autre motif, le bâtard de Grammont parvint à le surprendre et le traita comme je l'ai raconté plus haut.

Après sa délivrance, il devint plus habile dans son administration, et s'occupa avec succès de relever de leurs ruines l'église de St-Astier, celle de St-Georges à Périgueux, et quelques autres dont on ne dit pas les noms. C'est lui aussi qui fit construire le grand autel de la cathédrale. Dans son zèle fervent il fit plus encore : en 1463 il retira de leur tombeau les restes de saint Front et mit le chef dans une belle châsse à part, qu'il plaça au milieu du chœur. Voici comment raconte cette solennité le livre jaune des archives de la ville de Périgueux : (2).

« L'an que dessus (1463), le corps de monseigneur saint Front fut

---

(1) Le père Dupuy, l'abbé Du Temps et le chanoine Tardes placent sa nomination en 1447 ; mais M. l'abbé Audierne donne la date de la bulle de nomination (27 novembre 1437), et comme c'est lui aussi qui place son entrée au 3 août même année, j'ai dû signaler cette erreur. Dupuy dit bien aussi qu'il fit son entrée le 3 août, mais il la recule de dix ans ainsi que sa nomination, sans donner d'ailleurs la date exacte de cette nomination.

(2) Fol. 17, r°.

» retiré de son tombeau et fut mis dans la châsse. C'était le 22 mai.
» Cette cérémonie fut faite par Hélie de Bourdeille, évêque de Péri-
» gueux, qui alla à Rome tant pour obtenir de relever le corps dudit
» monseigneur saint Front, que pour solliciter le pardon des peines
» et des fautes, ce qui lui fut concédé. Le pardon dura trois jours.
» Dans cette solenuité, mondit seigneur l'évêque de Périgueux fut
» assisté de l'évêque de Sarlat et d'un oncle de cet évêque qui avait
» été évêque de Rieux et de Sarlat ; ils étaient l'un et l'autre de la
» maison de Rouffignac, du pays du Limousin. Et il y vint tant de
peuple que ce fut chose merveilleuse. »

Un différend étant survenu entre le chapitre de St-Etienne et celui de St-Front, à l'occasion de cette innovation, pour apaiser les chanoines de St-Etienne, qui prétendaient avoir le droit de disposer de ces restes, Hélie leur fit don d'un bras du saint, qu'il y porta lui-même en grande solennité (1).

On le fait figurer à des états tenus à Tours, en 1467, qui n'existèrent jamais ; il y aurait été distingué par Louis XI, pris par lui pour son confesseur, appelé à l'archevêché de Tours. La vérité est que les états ne furent tenus qu'en 1468, et que ce fut dans le cours de cette même année qu'Hélie de Bourdeille devint confesseur de Louis XI, et fut appelé à l'archevêché de Tours.

Il fut fait cardinal du titre de Sainte-Luce, en 1483, par le pape Sixte IV, et mourut en 1484, laissant une réputation d'humilité et de savoir, de zèle et de désintéressement des mieux méritée ; ce zèle cependant, poussé à l'excès, lui inspira un livre contre la pragmatique sanction, c'est-à-dire que, d'origine gauloise, et en présence d'une tradition aussi ancienne que le christianisme dans les Gaules, il prit à parti l'église gallicane, en faveur de l'autorité absolue du pape (2).

De son temps, le mouvement religieux acquit une certaine importance. En 1438, Pierre Orador, prieur du prieuré de Nontron, fit un échange de rentes avec Jean de Blois, comte de Penthièvre et de Périgord, au profit de son prieuré (3).

---

(1) Dupuy, Estat de l'Eglise du Périgord, t. II, p. 151.

(2) J'ai négligé de dire que sa mère fut Jeanne de Chambrillac, fille de Jean de Chambrillac, dont j'ai publié la biographie dans le *Calendrier administratif de la Dordogne* de 1857. Voir sur Hélie de Bourdeille, l'appendice.

(3) Arch. de Pau, 3e inv., prép. P. et L., l. 451, n° 43.

En 1442, Charles VII amortit, en faveur de l'abbé et des moines de Cadouin, alors retirés à Toulouse avec le Saint-Suaire, différentes possessions, aux environs dudit Toulouse, à eux données par des bourgeois de cette ville (1).

JEAN DE MAREUIL. — Un membre de la famille de Mareuil, toujours si dévouée à la France, Jean, chancelier de l'église d'Amiens, fut fait évêque de Bayonne, en 1454, et occcupa ce siége jusqu'en 1459 (2).

FRÈRES PRÉDICATEURS. — L'année que les restes de saint Front furent retirés de leur tombe (le 10 juillet), le chapitre provincial des frères prédicateurs fut tenu à Périgueux, dans le couvent même de l'ordre. Pendant la tenue de ce chapitre, le maire, les consuls et beaucoup de notables, gens de la ville, donnèrent aux religieux du blé, du vin et de la viande. Le provincial s'appelait Jean Veyssière ; il était maitre en théologie. A ce chapitre assistaient l'inquisiteur de la foi de Toulouse, appelé maitre Hugues Néges, plusieurs autres notables maitres en théologie, et une grande quantité de religieux de l'ordre (3).

C'est encore sous l'épiscopat d'Hélie que le Suaire, porté à Toulouse, en 1392, fut rapporté à Cadouin, à travers une foule de difficultés, fort embrouillées par les historiens, que j'essayerai plus tard de débrouiller du mieux que je pourrai.

En 1465, Louis XI donna, sa vie durant, à la sainte chapelle de Paris, toutes les régales des églises cathédrales de France (4).

RAOUL DE FOU. — Par suite de l'élévation d'Hélie de Bourdeille à l'archevêché de Tours, l'évêché de Périgueux, resté vaquant, fut donné à Raoul de Fou, frère d'Yves de Fou, gouverneur d'Angoulême, et de Jean de Fou, conseiller et chambellan de Louis XI. Le pape Paul II le nomma, le 8 juin 1468. Il avait été successivement abbé de Saint-Thierry-de-Reims, de Saint-Junien-de-Noaille, de Saint-Taurin d'Evreux, etc. En 1470, d'accord sans doute avec Geoffroi de Pompadour, il passa de Périgueux à Angoulême, après

(1) Arch. nat., reg. du tr. des ch., coté 176, p. 414.
(2) Gal. christ. (2e éd.), t. I, col. 1322.
(3) Arch. de Périgueux, liv. jaune, fol. 17, r°.
(4) Arch. nat., k. 70, n° 26.

deux ans et vingt-huit jours, et Geoffroi de Pompadour d'Angoulême à Périgueux. Malgré cet échange, à l'occasion d'une enquête ordonnée par le pape Sixte IV (1), en 1471, sur la sainte vie de Peyre Berland, jadis archevêque de Bordeaux ; on a prétendu que Raoul de Fou, désigné avec les évêques de Bazas et de Sarlat pour cette enquête, était évêque de Périgueux, tandis qu'il était évêque d'Angoulême depuis un an (2).

Nous n'avons rien de particulier sur l'administration de cet évêque en Périgord ; mais, pour en finir avec lui, j'ajouterai qu'il fut transféré à Evreux, en 1479, et qu'il mourut en 1510.

Geoffroi de Pompadour. -- Comme nous l'avons vu, Geoffroi de Pompadour fut nommé à l'évêché de Périgueux, en 1470 ; mais il ne prit possession de cet évêché qu'en 1480. Il avait été nommé à Angoulême, en 1465, et fut transféré au Puy-en-Velay, en 1486 (3).

Geoffroi était fils de Golfier, seigneur de Pompadour, et d'Isabelle de Comborn (bas Limousin). Ce prélat fut un homme remarquable, dans la véritable acception du mot, et joua un rôle des plus importants. Avant d'être nommé à l'évêché d'Angoulême, il était l'un des trois grands vicaires de l'évêché d'Evreux, chantre de la même église, et pourvu de l'archidiaconé de Viviers, pour lequel il plaidait, en 1463. Plus tard, il fut fait abbé de Saint-Amand-de-Boisse et de Chancelade, prévôt d'Arnac, prévôt et chanoine de Lyon, prieur de Saint-Cyprien et de Celle-en-Périgord. Pendant qu'il était évêque de Périgueux, Louis XI le nomma conseiller de son grand conseil. Il fut l'exécuteur testamentaire de l'évêque de Viviers, son oncle. Le seigneur de Beaujeu, ne pouvant vaquer aux devoirs d'exécuteur testamentaire de la reine Charlotte de Savoie, le substitua à son lieu et place, en 1483. Il fut fait président de la cour des aides, en 1484, et l'année suivante, premier président de la cour des comptes. L'année qu'il fut fait évêque du Puy (1486), il fut aussi nommé grand aumônier du roi ; mais, au mois de janvier suivant, ayant été soupçonné d'intelligence avec le duc d'Orléans, retiré en Bretagne, il fut arrêté avec Georges d'Amboise, évêque de Montauban, et

(1) M. Audierne a imprimé Pie IV pour Sixte IV.

(2) Le père Dupuy, l'abbé Audierne, etc.

(3) *Gallia christiana*, t. II ; et Dupuy, Audierne, Du Temps, Tardes.

Philippe de Comines, seigneur d'Argenton, emprisonné à Tours, puis, de prison en prison, conduit à Meung-sur-Loire où, après un an de captivité, et malgré sa culpabilité avérée, il fut relaché, à la sollicitation des ambassadeurs du Pape (1).

Je ne le suivrai pas dans toutes les vicissitudes du reste de sa vie; je me bornerai à dire qu'une fois sorti de prison, il rentra en faveur et occupa de hauts emplois jusqu'à sa mort, arrivée en 1511.

Le couvent des Augustins, à Périgueux, fut fondé en 1483, avec l'autorisation de l'évêque et la permission du Maire, des consuls et du conseil de la ville. Jean Dupuy, licencié en droit, seigneur de Trigonan, donna aux moines un enclos près de la porte des Plantiers, paroisse de Trigonan, dans lequel fut construite leur église. Plusieurs autres bienfaiteurs contribuèrent à cette œuvre pie. Ce lieu fut béni par Geoffroi, assisté de Pierre d'Abzac, de la maison de La Douze, évêque de Rieux et religieux de l'ordre; qui fut plus tard évêque de Lectoure, et resta prieur du couvent jusqu'en 1494, époque où il fut appelé à l'archevêché de Narbonne. Dans la suite, Belhier, lieutenant général de la cour présidiale, donna son jardin pour agrandir l'enclos, avec la réserve d'une chapelle, sous le nom de *Notre-Dame-de-Lorette*, pour y être enterré lui et les siens (2).

On n'a pas oublié que cet évêque, en 1484, fut député aux Etats généraux pour le clergé de Périgord.

Je ne terminerai pas sans faire observer qu'on paraît d'accord à dire que Geoffroy de Pompadour fut le premier qui prit le titre de grand aumônier de France.

Gabriel Dumas. — Gabriel Dumas fut le successeur de Geoffroy de Pompadour, et comme Geoffroy de Pompadour ne fut transféré au Puy qu'en 1486, Gabriel Dumas ne put être appelé à le remplacer qu'en 1486. Il ne prit d'ailleurs possession de son évêché qu'en 1498 (3). Pourquoi ce long intervalle entre sa nomination et son installation? Cela tient sans doute au désordre moral et matériel qui régnait un peu partout, à moins qu'on ne suppose que ce

(1) Le père Anselme, hist. de la maison de France, t. VIII, p. 241.

(2) Arch. de Périgueux, Livre jaune, fol. 42. r. et Arch. nat. L. 1515.

(3) Recueil des titres, etc., p. 406.

prélat, qui n'avait fait que traverser Périgueux, en 1486, se tint ainsi à l'écart parce qu'il gardait rancune à la ville de la manière dont son différend avec elle avait été réglé.

Lorsqu'il fut appelé à l'evêché de Périgueux, Gabriel Dumas était déjà évêque de Mirepoix. Il fut, ou il était en même temps, trésorier de la sainte chapelle de Bourges et abbé de Notre-Dame-de-Pierre-en-Berry, sa patrie. Sous son épiscopat, Pierre d'Antou, au retour d'un voyage d'outre-mer, fit don au chapitre de Saint-Front de la coiffe ou voile de la vierge qu'il avait apportée; et un autre habitant de Périgueux donna son bien pour fonder une vicairie en l'honneur de Marie et de cette relique (1).

Gabriel Dumas mourut, dans le Berry, en 1500. Il avait donc occupé le siége de Périgueux un peu plus de 14 ans.

Occupons-nous maintenant des évêques de Sarlat.

Jean Lami. — Jean Lami, originaire de Bretagne, fut le successeur de Raimond de Bretenoux. Lorsqu'il fut appelé à l'évêché de Sarlat, Jean Lami appartenait à l'ordre des frères mineurs, dont il était provincial dans la province de Tours; il était docteur en théologie et évêque de Bethléem. Selon le chanoine Tardes et l'abbé du Temps, il n'aurait été nommé à Sarlat qu'en février 1407, ce qui constituerait une vacance de l'évêché de Sarlat au moins de trois ans de durée. Selon M. l'abbé Audierne, il aurait été nommé en 1404, mais ne serait réellement entré en possession du siége de Sarlat qu'en 1407, ce qui indiquerait encore une vacance. Tout porte à croire cependant que cette vacance n'exista pas, et que si Lami ne parut pas à Sarlat, pendant les trois premières années de son épiscopat, cela tient à des considérations de la nature de celles qui retenaient les évêques de Périgueux et autres loin de leurs siéges, souvent pendant plus longtemps encore. A moins que le déplacement de Raimond et de Lami ne doive être reporté à l'année 1407, car, pour ces temps agités, on ne peut rien affirmer d'une manière absolue. Durant son épiscopat, cet évêque unit le prieuré d'Aynesse, diocèse d'Agen, à la prévôté de Sarlat. Il mourut en octobre 1410, et fut enterré à Bourganeuf.

(1) On ne dit ni d'où venait cette coiffe ou voile, ni comment se l'était procuré d'Antou. Du reste, cette relique a disparu sans laisser de brillants souvenirs. (Dupuy, *Estat de l'église du Périgord*, t. II, p. 182.)

Jean Arnaud. — Le successeur de Jean Lami, après deux mois et demi de vacance, s'appelait Jean Arnaud. Il était de l'ordre des franciscains, docteur et professeur de théologie et confesseur de Jean, duc de Berry. Il fut pourvu par une bulle de Jean XXIII, datée de Bologne, le 29 décembre 1410. Pendant son épiscopat, les cordeliers tinrent à Sarlat une assemblée générale, présidée par le général de l'ordre. Vers le même temps, le général des Augustins, pendant qu'il était à Toulouse à visiter les couvents de son ordre, ayant été averti que les moines de Dome observaient mal la règle, y envoya deux religieux pour y opérer une réforme. Arnaud avait pour vicaire général Pierre Artus, prieur de Saint-Cyprien. C'est sous ce prélat, et avec son autorisation, que le curé de Caudon et celui de Dome, firent l'arrangement dont j'ai fait connaître les détails plus haut. Arnaud mourut à Paris, en mai 1416, et fut enterré dans le couvent des frères mineurs (1).

Arnaud de Bourdeille, sénéchal de Périgord, se trouvait à Dome, au moment où il apprit cette mort. Il en donna immédiatement avis à Jean de Clermont, capitaine de Laroque de Gageac, en lui enjoignant de garder le château, au nom du roi, jusqu'à ce qu'il fût pourvu au remplacement du défunt, parce qu'en sa qualité de sénéchal, il mettait sous la main du roi le temporel de l'évêché pour tout le temps de la vacance (2).

Bertrand de Lacropte. — Bertrand de Lacropte, de la maison de Lanquais, après trois mois de vacance du siége épiscopal, fut élu évêque en remplacement d'Arnaud, et son élection ayant été approuvée, en septembre, par le métropolitain David de Montferrand, archevêque de Bordeaux, il fit son entrée solennelle et prit possession de l'évêché, le 15 octobre suivant (3). Avant d'être évêque, Bertrand était archidiacre de Périgueux. Dès qu'il fut rentré en possession du château de Laroque de Gageac, il en donna le commandement à son frère Jean de Lacropte. C'était là qu'il faisait le

(1) Comparer les ouvrages cités de Tardes, du Temps et Audierne.

(2) Tardes, ouvrage déjà cité. C'était du reste ainsi que cela se pratiquait.

(3) Ibid. La manière dont fut nommé Bertrand de Lacropte n'était guère plus en usage, et elle nous donne involontairement à penser qu'elle fut la conséquence du désordre qui régnait alors.

plus habituellement sa résidence ; cependant, il habitait parfois le prieuré de St-Cyprien.

De son temps, l'église paroissiale n'était pas encore terminée ; mais on s'occupait de la couvrir.

Vers 1417, les habitants de Sarlat apprirent à leur dépens l'inconvénient du droit d'asile dont jouissaient les églises. Un criminel du nom de Pradel, condamné à mort, trouva le moyen de s'échapper de la prison et se réfugia dans la cathédrale. Personne n'ayant osé l'en retirer, il réussit à en sortir si à propos que, malgré la surveillance dont l'église était l'objet, il put gagner les champs et aller commettre d'autres méfaits (1).

Bertrand de Lacropte mourut, le 25 octobre 1446, après avoir occupé trente ans le siége épiscopal.

Pierre Bonald. — Pierre Bonald fut élu à la place de Bertrand de Lacropte, quelques jours après la mort de ce dernier, et son élection fut approuvée par le pape Eugène IV, le 29 janvier 1447. Il était chanoine d'Agen, au moment de son élection, et passait pour savant canoniste et bon prédicateur. C'est sous l'épiscopat de Bonald que le suaire de Cadouin, apporté, comme il a été dit, à Toulouse, en 1392, fut enlevé par surprise de l'église du Taur, où il avait été déposé, et rapporté à Cadouin, par des moines de ce couvent, ce qui occasionna de longues querelles que je résumerai lorsque je m'occuperai de cet objet.

Pierre Bonald occupa le siége de Sarlat, pendant quinze ans, ayant pour vicaire général Bernard Bonald, abbé de St-Amand-de-Coly, sans doute son proche parent. En 1461, il fut transféré à Rieux, où il mourut, vers l'an 1469 (2).

Bertrand de Rouffignac. — Il eut pour successeur, à Sarlat, son neveu, Bertrand de Rouffignac, originaire du Bas-Limousin, qui tint le siége 25 ans et mourut, en décembre 1485. Bertrand de Rouffignac s'intéressa réellement plus à l'administration de son diocèse que la plupart de ses prédécesseurs. Il était charitable et savait rendre productif le bien qu'il faisait.

---

(1) Ibid. On ne dit pas ce que devint Pradel. Il semble que l'évêque et la municipalité restèrent longtemps en désaccord.

(2) C'est lui qui assista Hélie de Bourdeilles dans l'élévation des reliques de St-Front.

Durant son épiscopat, le midi de la France se ressentait encore beaucoup des maux que la longue guerre avec les Anglais et les courses incessantes des bandes de pillards y avaient engendrés. Une grande partie des terres étaient incultes, et celles qui n'étaient pas délaissées étaient mal travaillées. Le Périgord ne faisait pas exception, et le Sarladais, plus connu sous le nom de *Périgord noir*, était encore plus exposé aux privations que le reste du pays. De 1474 à 1485, la disette se fit très vivement sentir plusieurs fois. Dans ces occurrences difficiles, le prélat, afin de soulager efficacement la misère publique, eut l'ingénieuse idée d'entreprendre des travaux importants dans le palais épiscopal. Tous ceux qui avaient besoin de gagner du pain pouvaient se présenter, ils étaient sûrs d'avoir du travail. De la sorte, pas d'humiliation par l'aumône, et l'homme de Dieu obtenait les résultats calculés d'avance. C'est ainsi que furent construits la tour et le grand escalier qui subsistent encore, et que furent faites diverses autres réparations.

Nous avons vu l'évêque de Périgueux assister à l'élévation des reliques de Saint-Front.

En 1479, les travaux de l'église paroissiale furent repris avec une grande activité et se poursuivirent sans discontinuer jusqu'à l'achèvement de la construction. Tardes en attribue tout le mérite aux habitants de la ville ; mais il n'est pas douteux que l'évêque dut y prendre une part. Voici comment ce chroniqueur du Sarladais s'exprime : « Les habitants de Sarlat font commencer la troisième » voûte de leur église paroissiale, qui est la plus basse, avec le » frontispice portique et porte qui est du côté de la grande rue, et » la terrasse et porte qui est sur la place, ainsi que le clocher, et » dès lors ne cessèrent point que toute l'église ne fût dans sa per- » fection, telle qu'on la voit à présent. »

En 1482, le prieuré de Dome fut détruit par un incendie, au grand déplaisir de Bertrand de Rouffignac, qui en faisait sa résidence habituelle et qui avait installé là les archives de l'évêché. Le feu dévora la plus grande partie avec tout le mobilier de l'habitation, tant le sinistre se déclara promptement. Ce malheur, dont on ne connut pas la cause, ne découragea point le prélat qui restaura l'établissement à ses frais et avec tant de promptitude que nous l'y retrouverons installé malade, en 1485 (1).

Capdrot. — Pierre Griffould, archiprêtre de Capdrot, étant mort en octobre 1485, il fallut pourvoir à son remplacement. Ce remplacement devait se faire par voie d'élection, et l'évêque de Sarlat, en dehors du droit d'appprouver cette élection, droit qui lui incombait comme évêque, devait prendre part au scrutin comme un simple chanoine. Avis lui ayant été donné de ce qui se passait et de ce qu'il y avait à faire, il fut constaté que le prélat, malade à Dome, de la maladie dont il mourut, était dans l'impossibilité de se déplacer et qu'il était dans l'obligation de se faire représenter. En conséquence, il donna sa procuration à Bertrand de Lacassagne, son vicaire général et chanoine aussi de l'église de Capdrot.

Une première assemblée des chanoines eut lieu, le 11 octobre, dans l'église de Montpazier, parce qu'Armand de Gontaud, frère de Pons de Gontaud, baron de Biron, qui plus tard fut évêque de Sarlat, et qui alors visait à se faire nommer archiprêtre, dans l'espoir sans doute d'intimider ses électeurs, s'était emparé de l'église de Capdrot et l'occupait militairement.

De prime abord on s'occupa de l'évêque et de sa procuration, qui fut acceptée ; puis on créa un vicaire général pour administrer l'archiprêtré tout le temps de la vacance. On nomma ensuite un promoteur, chargé de requérir, de donner des ordres et de faire toutes les diligences nécessaires en pareil cas, et enfin, après avoir désigné un prébandier, chargé de citer tous ceux qui avaient droit de prendre part à l'élection, on s'ajourna au 24 du même mois.

Le 24, la réunion eut lieu, de bon matin, dans le chœur de la même église, où se trouvèrent aussi un notaire et trois témoins.

Les prêtres dirent leur messe en particulier ; après quoi Lacassagne célébra la messe du St-Esprit et donna la communion à ceux qui n'étaient pas prêtres. La messe finie, on fit une procession autour de l'église, puis on se rendit au lieu de la réunion et on élut B. de Lacassagne, président. Par son ordre, les dix heures sonnées, l'appel de tous les électeurs fut fait à la porte de l'église et il fut décidé qu'on allait procéder à l'élection.

(1) Ce n'est pas dit explicitement, mais son séjour à Dome le démontre.

Après s'être mutuellement donné l'absolution, les présents firent choix de trois secrétaires et prêtèrent serment de faire le plus digne choix possible. Il restait encore diverses formalités à remplir ; elles furent scrupuleusement accomplies et le résultat du scrutin fut la nomination d'Arnaud de Lacassagne, frère sans doute de Bertrand, qui eut neuf voix, tandis qu'Armand de Gontaud n'en eut que quatre. Le notaire appelé, assisté des témoins également appelés, dressa le procès-verbal de cette élection ; (Tardes l'a transcrit *in extenso*) et immédiatement après on chanta un *Te Deum* en actions de grâce.

Bertrand de Rouffignac mourut et fut enterré à Sarlat, dans sa cathédrale.

PONS DE SALIGNAC. — Il eut pour successeur Pons de Salignac, élu le 14 décembre de la même année, et confirmé par bulle d'Innocent VIII, du 4 des kalendes du mois (26 février) 1486. Il prêta serment au roi, le 20 du même mois, et fut consacré le 21 mai suivant. Au moment où il fut appelé au siége de Sarlat, Pons était conseiller au Parlement de Bordeaux, abbé de Clairac et doyen de St-Yrieix, dont il jouissait depuis plus de 20 ans. Pendant ce temps, il avait reçu plusieurs missions importantes du pape.

Il fit son entrée à Sarlat, peu de temps après, avec un grande solennité. Voici le récit de Tarde :

« En arrivant, il trouva les religieux de l'église cathédrale en
» procession, qui l'attendaient sous le portique de St-Jean, appelé
» *del Peyrou*, où ils avoient apresté une table, et icelle couverte
» des reliques, avec un missel. En même temps qu'il fust arrivé,
» l'un d'eux le harangua, lequel ayant fini, le pria de vouloir prêter
» le serment en tel cas requis ; ce qu'il offrit de faire, et, tenant les
» mains sur le missel ouvert, prononça ces paroles : *Nous, Pons de*
» *Salignac, évêque élu et confirmé de Sarlat, et pourvu de cet évêché*
» *par le St-Siège apostolique, promettons et jurons de tenir et de*
» *garder l'église cathédrale de Sarlat et ses religieux dans leurs*
» *droits, prérogatives, libertés, statuts et coutumes louables qu'ils*
» *jouissent et ont toujours joui eux et leurs prédécesseurs, et de ne*
» *les enfraindre, faire enfraindre ou permettre d'enfraindre, par*
» *nous ou toute autre personne.* »

Pons de Salignac était frère du baron de Salignac et mourut au château de Temniac, le 14 octobre 1492.

Durant son épiscopat, le mouvement religieux ne laissa pas que d'avoir une certaine importance. C'est par ses soins que le chapitre collégial de Capdrot fut transféré à Montpazier. La bulle qui consacra ce transfert est de 1492. Deux ans auparavant il avait fait séculariser le doyenné d'Issigeac. Il s'occupa aussi d'une manière spéciale de l'école fondée par l'abbé Bernard. On signale encore le prieuré d'Aillac comme étant très prospère de son temps, sans doute parce qu'il avait attiré son attention.

Armand de Gontaut de Biron. — A l'avènement de Gabriel Dumas au siège de Périgueux, j'ai signalé une perturbation qui devait prendre sa source dans l'agitation religieuse que le grand schisme avait engendrée et qui se perpétuait tantôt sous la forme de compétitions, tantôt sous celle de relâchements, tantôt sous celle d'un orgueil ambitieux et insatiable, tantôt sous celle d'une indiscipline ou insubordination indomptable. A Sarlat, cette perturbation était bien plus profonde, bien plus générale qu'à Périgueux, et la mort de Pons de Salignac la fit éclater dans toute sa laideur.

Pour procéder, selon l'usage, à l'élection d'un successeur à Pons de Salignac, les religieux, après le décès de cet évêque, se réunirent en chapitre ; mais de prime-abord on put reconnaître que l'entente était loin de régner parmi eux. En effet, trois noms furent mis en avant : Bernard de Sédières, prêtre, licencié en droit, prieur de l'église collégiale de Saint-Capraise-d'Agen ; Gilles de la Tour, prêtre, bachelier ès-droits, protonotaire du Saint-Siège, frère du vicomte de Turenne ; et Guillaume de Ladouze, prêtre, chanoine de Périgueux, protonotaire du Saint-Siège et conseiller au Parlement de Bordeaux. Le résultat du scrutin fut : neuf voix pour Sédières, cinq pour Gilles de la Tour et une pour Guillaume de Ladouze. Cette répartition des voix semblait devoir mettre fin aux compétitions, puis qu'une majorité considérable, toutes proportions gardées, semblait acquise à Sédières. Il n'en fut rien cependant, et les religieux, divisés en trois camps, engagèrent une lutte de controverse pour faire donner la préférence à chacun des concurrents. De guerre lasse, on se sépara, et les partisans de Gilles de Latour et de Guillaume de Ladouze sortirent du chapitre. Les neuf votants pour Sédières lui envoient alors une députation afin de savoir s'il accepte. L'acceptation ayant eu lieu, les députés retournent au chapitre, où le procès-verbal est dressé et remis à Sédières, pour qu'il l'envoie au métropolitain chargé de confirmer l'élection, préalablement à l'expédition de la bulle du pape qui doit la consacrer.

Cependant une autre intrigue s'était formée à la cour, et, pendant que Sédières attendait la bulle de consécration, Armand de Gontaut de Biron, avec lequel nous avons déjà fait connaissance, à propos de l'archiprêtré de Capdrot, obtenait du roi sa nomination à l'évêché de Sarlat, recevait de Rome ses provisions, prêtait serment à Charles VIII (1), et prenait possession du siège malgré l'opposition de Sédières. L'affaire fut ensuite portée devant le Parlement; mais il n'eut pas à rendre d'arrêt, parce que Sédières mourut durant le procès. Cette mort ne mit pas fin au scandale, malgré l'intervention du roi, qui écrivit aux religieux et leur envoya un exprès pour les prier de ne plus faire d'opposition à Armand de Gontaut-Biron. A peine le chapitre avait-il eu connaissance de ce décès arrivé à Paris que, sans plus se préoccuper de la démarche de Charles VIII, il se réunit, passa aux voix, et donna pour successeur à Sédières, Raimond de Comers, recteur (curé) de Sarazac, de la maison de Langlade, près Martel, et chancelier du vicomte de Turenne. Cette élection fut faite, disait-on, à la sollicitation de Gilles de La Tour, qui avait la parole de Comers de lui céder tous les droits que lui donnerait cette nomination. Comers du reste ne perdit pas de temps, et, peu après que le résultat du scrutin lui fut connu, il cita Armand devant l'archevêque de Bordeaux qui, après avoir instruit l'affaire, se prononça en faveur de ce dernier, en 1495.

Loin de se soumettre à la décision de son métropolitain, et pendant que le roi faisait saisir l'évêché, nommer des vicaires pour le spirituel et des administrateurs pour le temporel, Comer fit appel au Parlement de Paris, qui rendit un jugement de maintenue pour Armand en 1498, à la suite duquel le nouvel évêque se rendit à Limoges, s'y fit sacrer, alla prendre possession définitive de son évêché, fit son entrée solennelle dans Sarlat, obtint la remise des revenus séquestrés et put posséder paisiblement son siège, pendant plus de

(1) Arch. nat., P. 1125, fol. 196.

vingt années. Nous le retrouverons s'occupant de Sarlat avec zèle (1). Revenons actuellement à l'histoire du saint Suaire, qui mérite une attention toute particulière.

Le saint Suaire a Toulouse. — A peine installé à Toulouse, ce suaire fut une cause de querelles et de procès. D'une part, la grande pompe avec laquelle on l'avait reçu et promené dans la ville avait attiré beaucoup de monde et avait fait de ce linge une source de revenus pour la population et pour le clergé ; de l'autre, la démarche de l'abbé Des Moulins avait privé l'abbaye de Cadouin et le pays d'une importante ressource. Ajoutez à cela que la municipalité Toulousaine ne dissimulait pas l'intention qu'elle avait de s'approprier cette relique, et qu'on n'était pas sans redouter que cette administration, par son influence et par les sacrifices qu'elle saurait faire à temps, n'arrivât au but qu'elle se proposait. De là des regrets incessants et des réclamations énergiques de la part des Périgourdins intéressés, des intrigues et une résistance des plus vives de la part du clergé et de la municipalité de Toulouse. On députa vers le pape, vers le roi et même vers l'abbé de Citeaux, comme chef de l'ordre. Ce chassé-croisé de démarches fit traîner l'affaire en longueur, et permit aux Toulousains, en ménageant la situation, de faire usage de tous les moyens dont ils pouvaient disposer. Le succès fut aussi complet que possible ; la question principale fut mise de côté, et, sans parler de la restitution demandée, le pape reconnut à l'abbé de Cadouin le droit de garder le saint Suaire à Toulouse, et le chapitre général de Citeaux, tout en prenant la relique sous sa protection, décida qu'on avait bien fait de porter le Suaire à Toulouse, par crainte des Anglais, et qu'il y resterait en considération de l'affection et dévotion du peuple de cette ville pour lui, et surtout en vertu des conditions réglées entre l'abbé de Cadouin et les Toulousains. Ce fut donc, en réalité, l'abbé Des Moulins qui voulut que le suaire restât à Toulouse, sous le prétexte d'abord qu'il y était plus en sûreté, et ensuite parce que les Toulousains lui portaient la plus grande affection ; mais, en réalité, parce qu'il y mit des conditions dont il tira bénéfice comme on en trouve l'aveu dans le cours des événements.

(1) Tardes, antiquités, etc. Les détails qu'il fournit sont précis.

A la suite de cette décision, la ville de Toulouse logea convenablement l'abbé et les moines de Cadouin chargés de la garde de la relique, dans une maison achetée tout exprès, à côté de l'église du Taur, où elle reposait. Ils furent même suffisamment dotés par la suite (1).

Les historiens du saint Suaire, et notamment un livre qui a paru tout récemment, ont introduit le merveilleux et le surnaturel dans leur récit, avec une telle exubérence qu'un historien sérieux, cherchant résolument la vérité et n'écrivant que pour la simple et modeste raison humaine à laquelle cette vérité plait par dessus tout, a la plus grande peine à ne pas s'égarer à travers ces productions héroïques qui visent avant tout à l'effet.

Je ne m'arrêterai donc pas à une foule de détails qui ne reposent pas sur des faits certains ; mais je ne saurais laisser passer l'assertion émise par ces ouvrages que le suaire fut volé par deux religieux, qui l'emportèrent chez le seigneur de Caraman, en 1399, et que deux capitouls de Toulouse s'étant mis à leur poursuite, rapportèrent la relique. C'est en 1399, comme on l'a vu plus haut, que cette relique fut portée à Paris, sur la demande de Charles VI ou de ceux qui l'entouraient, et elle y fut portée avec trop de solennité pour qu'on pût la dérober à ce moment.

Je ne raconterai pas ici toutes les vicissitudes par où a passé le saint Suaire, tout le temps qu'il séjourna à Toulouse. Je me bornerai à dire qu'on ne se départit jamais du principe consacré de prime-abord, et qui consistait à en laisser toujours la garde à l'abbé et aux moines de Cadouin. Je ferai observer aussi que la municipalité de Toulouse, qui logeait cet abbé et ceux qui étaient commis à cette garde avec lui, ne furent pas toujours d'accord.

Le peu d'égard qu'on leur témoignait, la négligence, dans certaines circonstances, qu'on mit à réaliser certaines promesses, et la décision prise à l'égard du suaire dont le séjour à Toulouse constituait, aux yeux des moines et des populations périgourdines, une sorte de déni de justice qu'ils ne pouvaient pas s'expliquer et qui les préoccupait tous chaque jour davantage, tout leur faisait désirer le

(1) Tardes, antiquités, etc. Statuts de l'ordre de Citeaux ; *dom Martenne, Thesaurus, novus anecd.*, t IV.

retour de la relique en Périgord. Après soixante-quatre ans de déplacement, et sans doute aussi à la suite de longs pourparlers, les moines de Cadouin, encouragés très probablement par des amis sûrs, prirent la résolution de s'en emparer et de la rapporter dans leur communauté. Quand je dis les moines de Cadouin, j'entends ceux qui avaient la direction de l'abbaye. Voici, paraît-il, ce qui se passa : Jacques des Laines, abbé depuis assez longtemps et en résidence à Toulouse, conformément à l'obligation qui lui était imposée, se sentant vieux et peut-être infirme, résigna ses fonctions, vers 1452 ou 1453, et Pierre de Gaing fut nommé à sa place. Depuis l'expulsion des Anglais et peut-être même avant, Gaing se tenait à Cadouin, et ce ne fut qu'en 1455 ou 1456, que le chapitre général de Citeaux confirma sa nomination. Cette confirmation l'obligeait à se rendre à Toulouse ; mais avant de se mettre en route, il voulut sans doute consulter ses amis ou plutôt il voulut s'assurer si toutes les mesures étaient bien prises pour mettre à exécution le projet depuis longtemps prémédité, de rendre à Cadouin ce tant désiré saint Suaire. Il n'eut pas de peine à reconnaitre que tout allait au gré des désirs de la communauté, et qu'il n'y avait plus qu'à se mettre à l'œuvre. Fier de ce qu'il n'avait pas encore prêté le serment exigé des abbés de Cadouin, à leur entrée en fonctions à Toulouse, persuadé ou faisant semblant d'être persuadé que du moment qu'il n'avait pas encore prêté ce serment, l'action de dérober cette relique n'avait rien de condamnable, il donna les ordres les plus précis à quelques jeunes religieux qui se rendirent à Toulouse, sous prétexte d'y étudier, et attendit, dans sa retraite, le résultat de ces instructions. Parfaitement stylés, les envoyés ne perdirent pas une minute. A peine arrivés dans la capitale du Languedoc, ils prirent les empreintes des clefs du coffre qui contenait le suaire, firent faire ou firent eux-mêmes de fausses clefs, et, bien persuadés que la fin justifie les moyens, à l'aide de ces fausses clefs, ils s'emparèrent du suaire et le rapportèrent à Cadouin (1456) (d'autres disent 1463) ; mais il pourrait bien se faire que la date de 1463 se rapportât à ce qui se passa à Obasine au sujet de ce même suaire.

Quoi qu'il en soit, grande fut la rumeur à Toulouse, à la nouvelle de cet enlèvement ; mais, en définitive, tout s'apaisa, et la relique ne revint plus dans cette ville. Cependant, comme les moines de Cadouin étaient toujours dans la crainte et redoutaient que les Toulousains n'accomplissent les menaces incessantes dont ils les poursuivaient, ils imaginèrent d'emporter de nuit le précieux linge et d'aller le cacher à Obasine.

LIVRE VII

CHAPITRE V

L'administration en Périgord.

1356 — 1500

La bataille de Poitiers, la prison du roi Jean, et le traité de Brétigny portèrent le trouble et la désolation au sein des populations françaises et la plus profonde perturbation dans l'ancien duché d'Aquitaine. Le Périgord surtout, essentiellement attaché à la couronne de France, vit la désorganisation se glisser partout. Plus de sénéchal pour le roi légitime, à partir de cette fatale époque, jusqu'à la rupture de l'odieux traité qui le faisait Anglais, et par suite plus d'administration nationale.

Maîtres de la Guienne par la force des événements, dès la fin de 1356, les Anglais en furent définitivement mis en possession, par le traité du 8 mai 1360, connu sous le nom de *Traité de Brétigny*. Il y a pourtant cette remarque à faire, pour le Périgord, c'est que malgré la victoire du prince Noir, les insulaires n'avaient pas su tirer parti de tous leurs avantages et s'en étaient tenus aux positions occupées par eux, au moment de la bataille, de telle sorte que de 1356 à 1361, sauf les surprises, les attaques nocturnes, les incursions passagères des bandes indisciplinées à leur service, la province resta divisée en deux parties à peu près égales, l'une leur appartenant, l'autre reconnaissant toujours l'autorité du roi de France, avec cette différence cependant que l'administration française perdait chaque jour du terrain, tandis que l'administration anglaise en gagnait sans cesse ; non pas d'une manière régulière, mais avec un contingent de désordre chaque jour croissant.

La situation se trouvait donc ainsi faite que, de même qu'il y avait, en 1354, un Sénéchal en Périgord, pour le roi de France, et un sénéchal pour le roi d'Angleterre, de même ces deux monarques y avaient chacun le leur en 1357. Nous n'en savons pas les noms. Pour la France en effet je ne connais qu'un document qui s'exprime ainsi : « Jean par la grâce de Dieu, roi des Français, au » sénéchal et au juge mage de Périgueux (1). » Quel était ce sénéchal ? je l'ignore. Y en avait-il même un ? c'est ce dont il est permis de douter, Arnaud d'Espagne ayant été fait prisonnier à la bataille de Poitiers ; mais il est probable que son lieutenant en faisait les fonctions.

Pour le roi d'Angleterre, nous n'avons rien d'antérieur à Hélie du Pommiers, dont j'ai parlé dans la période qui va de 1354 à 1360 ; mais il est à peu près certain que cet Hélie du Pommiers exerçait encore en 1357 et peut-être même en 1358. Voici ce que nous lisons dans une pièce du 22 mai 1357 : » Le roy à ses sénéchaux de Gascogne et de Pierregort (2) ; » et dans une autre du 17 avril 1358 : « Le roy à son sénéchal de Gascogne Hélie du Pommiers (3) . » Il est évident que si Hélie du Pommiers n'était pas en même temps sénéchal de Gascogne et de Périgord, il avait cessé d'être l'un pour être l'autre.

Il n'y avait certainement pas de sénéchal pour le roi de France, en 1359, les détails qui suivent le prouvent suffisamment. Charles, fils aîné du roi Jean, depuis Charles V, et alors régent du royaume, adressa des lettres au sénéchal de Périgord et au juge mage, le 27 avril, et, le 16 juin suivant, ces lettres furent transmises à des baillis, à des notaires et à des sergents de la sénéchaussée, par le juge mage

(1) Rec. de titres etc., p. 296.

(2) Bibl. nat., collect. Brequigny, t. 29 ; Guienne, vol. 20.

(3) *Fœdera, litt. et acta publ.*, ou nouv. édit. de Riemer, t. 3, 5me part., p. 164. Des pièces relatives à Bergerac constatent que cet Hélie du Pommier eut dans ses attributions, au moins jusqu'en 1358, sinon jusqu'en 1360, la partie du Périgord soumise aux Anglais. (Bibl. nat., coll. Brequigny, t. 29, Guienne, vol. 20).

seul (1). Cette même année, d'autres lettres furent vidimées par Arnaud Jandon, licencié en droit, lieutenant du sénéchal, parce que sans doute il n'y avait pas de sénéchal (2).

Le roi d'Angleterre en avait un, en 1360, appelé Bertrand de Cardaillac (3), et un autre, en 1361, du nom d'Aubeynac (4), à qui les lettres de Jean Chandos, portant la date du 8 janvier 1361 et commençant ainsi : « Jean Chandos, vicomte de St-Sauveur etc...., » au sénéchal de Pierregort et de Quercin, ou à son lieutenant, » Salut (5) » ; étaient incontestablement adressées, ainsi que celles du roi d'Angleterre, du 26 novembre 1362, commençant par ces mots : « Le roy à nostre chier et amé foial le Séneschal de Pierregort et » Caoussin ou à son lieutenant, Salut (6). » Quel temps Aubeynac resta-t-il sénéchal, c'est ce que je ne saurais dire ; mais tout porte à croire qu'il eut pour successeur Valcafara, qui occupait la place dès 1366 au plus tard, et qui la tenait très probablement encore en 1368 (7). A partir de 1368, nous ne trouvons plus de sénéchaux du Périgord pour le roi d'Angleterre, par la raison que le pays, dès lors, commença l'évolution qui amena la rupture du traité de Brétigny.

Pendant toute l'occupation anglaise, le Périgord fut d'ailleurs administré comme par le passé. Le sénéchal avait son lieutenant, la sénéchaussée son juge-mage ou supérieur et son lieutenant avec des juges inférieurs. Périgueux, Sarlat et Bergerac avaient leurs baillis royaux ; toutes les bastilles et toutes les juridictions relevant directement du duché avaient chacune son bailli et son juge ordinaire, son prévôt, etc.

Périgueux avait en outre sa cour du consulat ; le chapitre de St-Front sa cour du célérier ; le comte son sénéchal, ses juges ordinaires et son juge d'appel. Il y avait aussi la cour du viguier et un juge de pariage pour la banlieue.

---

1) Rec. de titr. etc., p. 302.

(2) Ibid., p. 306.

(3) *Fœdera et acta publ.*, ou nouvelle édit. de Riemer, t. 3, 2me part. p. 661. et 669.

(4) Rec. de titr. etc, p. 312.

(5) Bibl. nat. coll.. Doat, vol. 243, Périgord, t. 2, fol. 272.

(6) *Fœdera, litt. et acta publ.*, ou nouv. édit. de Riemer, t. 3me, 2 part. p. 682.

(7) Périgueux et les deux derniers comtes de Périgord, etc., p. 1.

Il y avait encore des receveurs des domaines, des receveurs des finances, etc. Les villes et les châteaux-forts avaient en outre des capitaines et des châtelains, le roi un procureur et même parfois un lieutenant.

A la rupture du traité de Brétigny, le Périgord était en plein désarroi. Obligés de se tenir partout sur la défensive, les Anglais n'y exerçaient plus aucune sorte d'autorité régulière, et les Français n'étaient pas encore en mesure d'y reconstituer leur ancienne influence. A part les villes municipales, tout le pays était pour ainsi dire à la merci du premier occupant ; et, de 1368 à 1369, il fut complètement sans direction. En 1369, Taleyrand, frère d'Archambaud V, y commanda, comme lieutenant du duc d'Anjou, lieutenant lui-même du roi Charles V en Languedoc ; mais Taleyrand étant mort (mai 1370), la province se serait trouvée livrée à elle-même, si le duc d'Anjou n'eût pas eu la bonne idée de nommer un sénéchal et d'appeler à ces fonctions Gilbert de Dome, qui venait de faire ses preuves contre les Anglais. Nous n'avons d'ailleurs d'autres détails sur Gilbert que les lettres de sa nomination, et celles de 1385, par lesquelles il donne aux habitants de Domme tout ce qu'il possède dans leur bastille et autres paroisses circonvoisines (1). Il paraît qu'il n'était plus sénéchal en 1372, époque où Bertrand de Grésignac et Guy de Lasteyrie furent nommés gouverneurs et réformateurs dans le Périgord, le *Sarladais* et le Limousin, par ce même duc d'Anjou, dont les lettres datées de Carcassonne, le 6 février 1372, s'expriment comme il suit : « Parce que le païs de Pierregueux, de Sarladois et Limousin sont de présent sans gouvernement et mal grevés par les ennemis et aussi ait esdit païs plusieurs gens d'armes subjets et aux gages du roy et sans capitaine et gouverneur de par lui, par quoi estoit nécessaire d'y pourveoir et y mettre personne capable, pour réparer les maux de ces provinces (2). »

Pendant combien de temps Bernard de Grésignac et Gui de Lasteyrie restèrent-ils gouverneurs et réformateurs du Périgord ? c'est ce que je ne saurais dire ; mais je trouve, en 1375, Guil-

---

(1) Documents sur Domme, par Lascoux, p. 28.

(2) Bibl. nat., Papiers Lespine : cart. Périgueux.

laume du Caillou, licencié en droit, juge-mage et lieutenant du sénéchal, pour le roi de France, remplissant les fonctions de sénéchal, dans une trève, entre le sire de Mussidan et la ville de Périgueux (1). Il n'y avait donc pas encore de sénéchal titulaire à cette époque, quoiqu'on procédât dès lors, comme s'il y en avait eu un (2). La situation était la même, en 1378, quand Golfier de St-Astier, seigneur de Montréal, se soumit au roi de France et jura d'être bon Français. Sa prestation de serment se fit dans l'église de St-Front, avec la plus grande solennité, en présence de Guillaume Crillon, lieutenant du sénéchal, sans nul doute parce qu'il n'y avait pas de sénéchal en titre (3).

Le premier titulaire qui me soit connu, c'est Pierre de Mornay, qui pourrait bien avoir occupé la place dès 1380, quoique le livre noir (4) n'en parle qu'en 1381. Voici les raisons qui me déterminent à penser ainsi.

Tant que Charles V vécut, les affaires marchaient sous sa direction, avec un admirable ensemble, et, quoique dans la Guienne et dans la Gascogne, l'administration fût loin d'avoir repris ses anciens errements, l'impulsion donnée d'en haut se faisait sentir partout d'une manière si régulière que rien ne périclitait. Mais le roi étant mort (septembre 1380), laissant pour lui succéder Charles, âgé de douze ans et neuf mois, qui prit le nom de Charles VI, il fallut organiser une régence et s'occuper d'une réforme administrative. Nous avons le projet de règlement qui fut adopté le mois de novembre suivant, et dans lequel on lit : « Tous officiers, capitaines, gardes » des châteaux, séneschaux, baillis, receveurs et autres officiers » principaux seront mis par nosdits seigneurs, comme dessus, par » l'avis dudit conseil ou de la plus grant partie (5). »

C'était au moment où la lutte entre Périgueux et le dernier comte de Périgord avait pris des proportions extraordinaires. Au lieu de remplir dignement des fonctions que les circonstances rendaient

---

(1) Bibl. nat., Papiers Lespine ; cart. Périgueux.

(2) Les ordonnances étaient toujours adressées au sénéchal ou à son lieutenant.

(3) Arch. de Périgueux, liv. noir, fol. 150 v°.

(4) Ibid., fol. 26, r°. Voir aussi le père Anselme, t. 6, p. 280.

(5) Rec. des ord. des R. de Fr., t. VI, p. 529.

difficiles, Pierre de Mornay, comme on ne l'a pas oublié, après quelques années d'une conduite sans reproche, se laissa aller du côté d'Archambaud et finit par être destitué. On lit dans le père Anselme : « Il était sénéchal de Périgord lorsqu'il fut laissé comme lieutenant » de Louis de Sancerre, maréchal de France, ès parties de Guienne, » le 15 novembre 1386, pendant l'absence de ce maréchal. On trouve » plusieurs quittances de lui de 1385, 1386 et 1387 (1).

Selon les notes de Florimont (2), Pierre de Fontenai, chambellan du roi et du duc de Berry, aurait été sénéchal de Périgord en 1388 ; mais indépendamment de ce qu'il n'est pas bien certain que ce personnage fût chambellan du roi et du duc, il n'est pas admissible qu'il fût venu s'intercaler dans le cours des années de service de Pierre de Mornay, qui fut destitué en 1390, et eut pour successeur un certain Donaval de Picardie, sur lequel, du reste, nous n'avons aucun renseignement précis (3).

Ce Donaval fut remplacé, en 1391, par Eymery de Rochechouart, seigneur de Mortemar, qui, cette même année, sous le commandement de Robert de Béthune, fit la campagne dont le principal résultat fut la destruction du château de La Rolphie. Aymery ne garda pas longtemps cette place. Il eut pour successeur Jean Harpedenne, seigneur de Belleville, qui occupait l'emploi au plus tard en 1394, époque où il alla assiéger Montignac, avec le vicomte de Meaux et le sire de Tignonville. Jean Harpedenne eut des démêlés avec la ville de Périgueux qui tournèrent à l'avantage de la municipalité. C'est lui encore qui, avec Guillaume le Bouteiller, sénéchal du Limousin, se présenta devant les châteaux du comte (1377), les somma inutilement de se rendre, et qui plus tard renonça, faute d'argent, à faire exécuter les ordres qu'il avait reçus. Son successeur, appelé Bernard de Castelbayac, de la maison de Durfort, entra en fonctions en 1400. C'est lui qui présida à la prise de possession du comté de Périgord, au nom du duc d'Orléans.

Depuis la rupture du traité de Brétigny jusqu'en 1400, la marche des affaires administratives ne différa guère de ce qu'elle avait été

(1) T. vi, p. 280.
(2) Arch. nat., K.
(3) Fragments, etc.

auparavant. Le sénéchal commandait les troupes comme par le passé ; comme ses prédécesseurs il tenait les assises au moins de deux mois en deux mois ; mais il devait les tenir à Villefranche de Périgord (de Belvès) obligatoirement deux fois par an.

J'ai précédemment parlé de la position toute spéciale du sénéchal de Périgord en Guienne, et de l'extension de son autorité sur les diverses parties du duché. Quelques détails que j'ai négligé de fournir alors permettront de mieux apprécier cette extension d'autorité, et donneront une idée plus nette de l'importance qu'on attachait à ce privilège tout particulier.

A la suite du traité de 1259, le sénéchal de Périgord, Quercy et bas Limousin se trouva, pour ainsi dire, représenter à lui seul l'autorité du roi de France dans la Guienne, où les tendances des Anglais avaient surtout pour objectif la création d'une cour supérieure, à laquelle les populations s'habitueraient à venir vider leurs affaires, en dernier ressort, sans plus se préoccuper du Parlement de Paris. De son côté, le suzerain, qui n'entendait nullement perdre ses droits, voulut, pour mieux les sauvegarder, que les premières appellations de tout le duché fussent portées devant le sénéchal de Périgord. L'impulsion était bien donnée depuis 1279 et l'habitude parfaitement prise. Quelques faits se rattachant au traité par lequel Philippe le Hardi rendit l'Agenais à l'Angleterre, le disent assez. Le premier est de 1287. On lit dans les Olim (1) : « Toutes les causes » ordinaires de la terre concédée au roi d'Angleterre, commencées » dans la cour et devant le sénéchal du Périgord, seront remises à » ce roi, sauf celle de Bernard de Cressac, qui restera pour certaine » cause » ; à la date de 1288, on lit ceci : « Aux jours du roi d'Angleterre et du sénéchal de Périgord, le roi d'Angleterre, » contre le seigneur roi (de France), au sujet des Juifs que le » seigneur roi (de France), avait dans l'Agenais et dans la Saintonge, au temps du comte de Poitiers, parce qu'il ne devait être » livré audit roi d'Angleterre que ceux que le comte y avait. »

Il est incontestable que ces affaires ne se traitaient au Parlement, dans les jours consacrés au sénéchal de Périgord, que parce qu'elles étaient venues par appel à la cour de ce sénéchal. Mais voici qui

(1) T. II, p. 45 et p. 47.

est plus significatif encore : En 1272, *parlement de la Toussaint* : « Il fut ordonné au sénéchal de Périgord que, s'il trouvait que les » gens du roi d'Angleterre fussent dans l'usage de tenir leurs assises » à Podempsac (lisez Podensac), et d'y percevoir *le droit du commun*, » il leur rendît leur juridiction, dans la querelle survenue entre les » habitants et le prieur dudit Podensac (1). » Et en 1290 (*parlement de la Chandeleur*) : « Au sénéchal de Périgord : comme antérieu- » rement, par arrêt de notre cour, rappelé par les conseillers » maîtres, en ce présent Parlement, après avoir entendu les dires » des parties, il eut été prononcé que le maire, la commune et les » citoyens de Bordeaux n'avaient pas le droit d'empêcher le maire, » la commune et les jurés de Saint-Jean-d'Angéli, d'acheter du » merrain et de le tirer de Bordeaux ou de Gascogne, afin que le » merrain arrêté par lesdits maire et habitants de Bordeaux, malgré » cet arrêt et notre expresse défense, soit délivré et rendu aux dits » habitants de Saint-Jean-d'Angéli, les parties de nouveau entendues, » nous décidons que cet arrêt doit être maintenu, et nous imposons » un éternel silence sur cette affaire, au maire et aux citoyens de » Bordeaux, vous enjoignant expressément de mettre à exécution le » susdit arrêt, et de lever tous les obstacles, s'il y en a ou s'il y en » survenait dans la suite. »

Je pourrais multiplier les citations ; mais ce qui précède suffit pleinement à faire comprendre l'importance que la ville de Périgueux ajoutait aux lettres du duc d'Anjou, datées de Toulouse, octobre 1369, portant : « Louis, etc..., par l'autorité royale dont » nous sommes revêtus, en vertu de ce qu'anciennement la plus » grande partie du duché de Guienne, comme la ville de Bordeaux, » la ville de Bayonne, et plusieurs autres ressortissaient aux assises » de Périgueux pour les appels ; et, parce que, depuis soixante ans, » de nouvelles assises ont été établies à Bergerac, à Saint-Louis et » ailleurs, par suite de quoi les assises de Périgueux ont beaucoup » perdu de leur importance, au préjudice du maire, des consuls et » de la communauté, nous concédons que ces lieux, ces terres et ces

(1) *Olim.*, t. II, p. 315.

» nouvelles assises susdites, ressortiront, pour le présent, aux » assises de Périgueux » (1).

A partir de la rupture du traité de Brétigny, l'administration française reprit peu à peu le dessus ; mais, comme on l'a vu, sa marche n'avait rien de régulier. Cependant, de 1370 à 1374, on prit une bonne résolution, en séparant le Quercy et le bas Limousin de la sénéchaussée du Périgord, pour en faire deux sénéchaussées distinctes. La sénéchaussée de Quercy fonctionnait même dès 1372.

Vers 1377, les abus sur les monnaies étaient devenus si intolérables, qu'on dut s'occuper d'une réformation générale. Les lettres publiées sur cette matière furent adressées au sénéchal de Périgord (2). Il en fut de même de celles qui fixaient le prix des espèces en 1384 (3). Voici maintenant la liste des sénéchaux du Périgord jusqu'à la fin du quinzième siècle.

En 1400, Jean de Chambrillac succéda à Jean Harpedenne, et occupa l'emploi jusqu'en 1410, qu'il fut remplacé par Raimond de Salignac, de la maison de Fénelon. Celui-ci n'en remplit les fonctions que jusqu'en 1411, et eut pour successeur Arnaud de Bourdeille, qui en exerça les fonctions officiellement, jusqu'en 1416, ce qui prouve qu'il resta sénéchal de Périgord même après la mort de Louis duc de Guienne (1415) ; mais il n'est pas probable qu'elles aient duré jusqu'en 1426, époque où nous trouvons le seigneur de Commarque muni de l'emploi. Il est donc permis de croire qu'au moins le nom du sénéchal qui, entre le seigneur de Bourdeilles et celui de Commarque, administra le Périgord, nous est resté inconnu.

Nous avons vu que le seigneur de Commarque, qui pouvait fort bien être sénéchal en 1424, se trouvait prisonnier des Anglais en 1426, et que le comte d'Armagnac lui donna 200 livres pour l'aider à payer sa rançon (4) ; mais ce qu'il y a de singulier c'est que, dans la généalogie de cette famille (5), on ne parle pas de ce sénéchal,

---

(1) J'ai déjà rapporté cette charte au premier volume ; mais il était indispensable de la reproduire ici.

(2) Olim, t. VII, p. 83 et 84.

(3) Rec. des ord. des R. de Fr., t. V, p. 526.

(4) Arch. nat. J. 850, n° 316.

(5) Courcelles : hist. des pairs de Fr., etc., t. V.

qui devait s'appeler Seguin de Commarque et qui mourut jeune. Je serais porté à croire encore qu'il y a ici une autre lacune et que les noms de plusieurs sénéchaux ne sont pas parvenus jusqu'à nous. En effet, celui que nous trouvons comme venant après le seigneur de Commarque, portait le nom de Pons de Beynac ; il aurait occupé l'emploi au moins de 1437 à 1452 (1), et aurait eu pour successeur Jean de Barlaimont, seigneur de Floyon, nommé le 7 septembre de cette même année 1452, sur la désignation de Pons. Jean de Barlaimont fut remplacé par Pierre d'Acigné, dont la commission est du 27 octobre 1461. Dans ses lettres, Louis XI l'appelle *son cher et bien aimé varlet tranchant* (2). D'Acigné occupa l'emploi environ sept ou huit ans et eut pour successeur Jean, sire ou baron de Larochefoucauld, chevalier seigneur de Montignac, Marcillac, Blanzac, etc., et, par sa femme, de Verteuil, de Blagnac-de-Mussidan, etc., que nous trouvons en fonctions en 1468. Louis Sorbier le remplaça (3). Il fonctionnait dès 1470 et paraît avoir administré la province assez longtemps, puisque son successeur connu ne nous apparaît occupant l'emploi qu'en 1483. Ce successeur avait nom Gauthier de Peyrusse d'Escars, seigneur de Lavauguyon, que nous trouvons en fonctions dès 1486, et qui tenait encore l'emploi en 1500.

Tels sont les renseignements que j'ai pu recueillir sur les sénéchaux du Périgord. Evidemment ils ne sont pas complets ; mais malgré les lacunes qu'ils présentent, ils ne laissent pas que d'offrir un grand intérêt.

Essayons maintenant d'entrer dans quelques détails sur la cour du consulat.

La cour du consulat ne s'organisa pas de prime-abord dans toute son extension. Comme la ville municipale, elle passa par des alternatives de bonne et de mauvaise fortune. Le comte d'une part, le chapitre de St-Front de l'autre, et la Cité en troisième lieu, lui suscitèrent souvent des embarras que la communauté dut combattre avec la plus grande énergie et presque toujours au prix de grands

(1) Mémoires manuscrits de M. de Simon.

(2) Arch. nat. K. 1270.

(3) Rec. de tit. etc., p. 493.

(4) Documents communiqués.

sacrifices. Cette cour ne fut définitivement constituée qu'à la fin du XIIIe siècle ou au commencement du XIVe siècle ; mais elle fonctionna régulièrement durant le XIVe. Voici comment elle était composée : un juge, des scribes (notaires et greffiers), des sergents, des procureurs, un sceau aux contrats, un sceau aux causes. Elle avait la connaissance des affaires tant civiles que criminelles. Elle pouvait condamner au dernier supplice, mutiler, bannir, fustiger, imposer des amendes pour faux poids et fausses mesures, punir le rapt, le viol, l'homicide, le vol, le pillage ; en un mot, elle avait la haute, moyenne et basse justice dans toute leur étendue (1).

En dehors de sa cour, le consulat établissait et levait des impôts, tels que questes, tailles, etc. Il organisait et faisait marcher des troupes quand besoin était. Il avait aussi dans ses attributions, les ponts, les murailles de la ville, les tours, les portes, les fossés, les barbacannes, les places, les rues, les chemins, le pavé, etc.

C'était à la maison de ville que presque toujours le sénéchal tenait ses assises, et presque toujours aussi il faisait écrouer ses prisonniers dans la prison du consulat, le tout avec la permission de la municipalité.

La confiscation n'existait pas à Périgueux, sauf pour les crimes de lèse-majesté et d'hérésie.

Indépendamment de la prison dont je viens de parler, la municipalité avait des fourches patibulaires placées à Corne-de-Bœuf. Elle avait aussi le droit de disposer des biens vacants. Depuis le maire jusqu'aux sergents, tous les fonctionnaires étaient payés.

Comme dans toutes les sénéchaussées, il y avait à Périgueux un juge supérieur ou juge-mage. Ce juge-mage, le plus souvent lieutenant du sénéchal, avait lui-même deux lieutenants, un lai et l'autre clerc. Il devait résider à Périgueux, n'être ni officier, ni conseiller, ni pensionnaire d'aucun seigneur ou prélat, sous peine de destitution. Il ne devait pas non plus recevoir d'argent de personne (2).

La distribution des procès, en la cour du sénéchal, se faisait par le juge-mage, et, en son absence, par le lieutenant-clerc (3).

---

(1) Voir le Recueil des titres, etc., passim.

(2) Rec. des ord. des R. de Fr., t. XX, p. 260 et passim.

(3) Ibid., ibid.

De son côté, le comte avait une administration à part qui lui était propre et ne relevait que de lui. Elle se composait d'un sénéchal, de baillis, d'un prévôt, d'un juge de comté, séant à Montignac, d'un juge des appellations, de notaires, de procureurs, de greffiers, de sergents, et, en commun avec le chapitre de St-Front, d'un juge pour la cour du célérier et d'un juge pour le pariage, avec sceau, greffier, sergents et autres employés, fourches patibulaires et prison, comme il a été dit dans le cours de cette histoire. Il y avait aussi un sceau spécial pour les affaires du comte. Ce seigneur avait en outre certains revenus dans Périgueux dont l'adjudication, comme on l'a vu, fut faite à la municipalité, en déduction de ce qui lui était dû par Archambaud V. Il y avait en outre l'administration multiple des seigneurs inférieurs au comte, modelée sur celle de leur suzerain, avec cette différence, toutefois, que ces seigneurs ne rendaient que la moyenne et basse justice, ce qui avait fait donner à leurs attributions le nom de *juridictions inférieures*. Ces juridictions inférieures variaient incessamment, soit par suite d'héritages, soit par suite de donations, soit par suite de vente, soit par suite de confiscation, etc.

En dehors de tout ce qui précède, il y avait en outre un corps de fonctionnaires spécialement chargé des finances, dont l'origine remonte au XIIIe siècle, et eut pour cause la création de certains impôts devenus nécessaires à la suite des guerres incessantes qui régnaient à cette époque. Le besoin d'argent s'était surtout fait sentir sous Philippe-le-Bel. Pour obtenir ce dont il avait besoin, ce roi eut recours aux états qui lui accordèrent à peu près tout ce qu'il demandait. Ses successeurs firent comme lui et furent aussi heureux que lui dans leurs demandes ; mais sous Philippe de Valois, les dispositions des états se modifièrent, et ces assemblées, sous le roi Jean, voulurent veiller elles-mêmes à la répartition et à la rentrée des fonds, en souvenir sans doute de ce qui se pratiquait sous saint Louis (1). Voici ce qu'on lit dans les *Recherches de la France*, de

---

(1) Voici ce qu'on lit dans le premier volume du rec. des ordon. des R. de France. p. 186 : « COMMENT L'EN (l'on) DOIT ASSEOIR TAILLES ÈS VILLES NOSTRE » SIRE LE ROY. — Soient eslus les trente hommes ou quarante ou plus ou moins » bons et loyaux, par le conseil des prestres et de leurs paroisses et des » autres hommes de religion, et ensement ? (pareillement) des bourgeois et des

Pasquier : « En 1355, il fut ordonné par les Etats-Généraux que nul » trésorier ou officier du roy n'aurait la charge, direction et manie- » ment de ces deniers (l'aide et la gabelle du sel) ; mais que les trois » estats commettraient certains personnages bons, honnestes et sol- » vables, pour en estre les ordonnateurs....... et qu'outre ces com- » missaires généraux, ils esliraient encore en chaque province, neuf » particuliers, trois de chaque ordre, desquels les trois du clergé » jugeraient les ecclésiastiques, les trois nobles ceux qui seraient de » leurs qualitez, et les trois roturiers ceux de condition roturière, » appelez toutes fois, chacun en leur endroit, leurs autres com- » pagnons au jugement du procès » (1).

Telle fut l'origine des généraux superintendants ou généraux conseillers sur le fait de la justice des aides. Telle fut aussi l'origine des élus, qui cessèrent d'être choisis par les états vers la fin du siècle et auxquels on substitua dans la suite les cours des aides. Mais comme le Périgord, en 1355, au lieu de députer aux états de la langue d'oil, députait à ceux de la langue d'oc, c'est dans les actes émanant de ces derniers qu'il faut chercher ce qu'avaient à faire les Périgourdins pour les aides et subsides. Voici ce que nous lisons dans une ordonnance de 1357, ayant trait à une assemblée de ces états, tenue en 1356 : « La solde des gens de guerre sera payée par quatre trésoriers » généraux choisis par les états. Ces quatre trésoriers généraux » nommeront à leur tour des trésoriers particuliers pour chaque » sénéchaussée, chargés de lever l'impôt ; et ceux-ci auront des » commis qui parcourront les divers cantons des sénéchaussées, » s'informeront du nom, du sexe, de l'âge et des facultés de chaque » habitant. De leur côté, les officiaux contraindront les curés, sous

---

» autres prud'hommes, selon la qualité et la grandeur des villes ; et ceux qui » seront en telle manière eslus, jureront sur les saints évangiles, que icheux » d'entre eux mesmes ou d'autres prud'hommes d'ichelles villes mesmes esli- » ront siques (jusqu'à) douze hommes d'iceux qui seront les meilleurs (pour) » ichelle taille asseer (asseoir) et les autres douze hommes nommez, » jureront sur les saints évangiles, que bien et léaument, ils asseiront ladite » taille, et n'épargneront nul, ni ils ne grèveront nul par haine ou par amour » ou par prière ou par criente, etc. ». On devait en outre choisir secrètement quatre autres personnes chargées de contrôler le travail des douze.

(1) Ed. de Paris, 1623, in-fol., p. 81.

» peine d'excommunication, à donner des dénombrements exacts » de leurs paroissiens.

» Personne ne pourra lever les subsides au nom du roy.

» Les gens de guerre seront payés par les quatre trésoriers généraux sous les ordres de vingt-quatre personnes, choisies pareillement par les états, qui donneront descharge aux trésoriers généraux.

» Les états députeront en outre douze personnes pour recevoir les » comptes, tant des trésoriers généraux que des trésoriers particuliers, qui n'auront absolument affaire qu'à ces douze personnes » pour ces comptes (1). »

Il résulte de ce qui précède qu'en 1357, le Périgord avait un receveur particulier pour les aides et subsides, des commis délégués par ce receveur, qui parcouraient les cantons et que les curés étaient obligés de fournir le dénombrement de leurs paroissiens sous peine d'excommunication.

Cela dura-t-il longtemps ainsi ? c'est ce qu'il n'est pas permis d'affirmer, puisque nous trouvons qu'en 1383, ces fonctionnaires cessèrent d'être élus par les états et furent nommés par le roi, qui leur conserva le nom d'élus ; d'où je conclus qu'indépendamment de ce droit que s'arrogea la couronne, elle dut aussi régulariser l'institution et établir, dans chaque diocèse, un même nombre d'élus, avec les mêmes attributions ; seulement ce nombre varia plusieurs fois.

Les données qui nous restent ne permettent pas de mettre en doute que ce changement eut pour cause la mauvaise conduite des élus des états. Tous les documents nous les représentent portés aux malversations, profitant de leur position pour violenter ceux qui avaient à faire à eux, pour faire des commerces illicites, etc., etc. Il dut donc se passer en Périgord ce qui se passait partout ; mais il ne nous reste pas de détails (2).

---

(1) Rec. des ord. des R. de Fr., t. III, p. 99.

(2) Ibid., t. VI, p. 91. Une ordonnance de 1374 signale une grande partie des abus commis par les élus, les receveurs des aides, les sergents chargés des exécutions et les fermiers. — Ibid., p. 443 (1379). Les élus, receveurs grainetiers, contrôleurs et autres officiers doivent être visités et leur conduite examinée avec soin ; ceux qui ne seront pas capables et qui auront manqué de

A partir de 1383, le nombre des élus fut fixé à deux pour chaque diocèse : un lai et un clerc, sauf pour Paris, à qui on en attribua trois. Ces élus étaient nommés par la chambre des comptes (1) En 1388, les généraux conseillers sur le fait des aides, furent chargés de les surveiller et de les punir dans leurs malversations. ainsi que les receveurs, graineliers, contrôleurs, commissaires, etc. Ils pouvaient même les destituer et en nommer d'autres à leur place (2).

Les élus étaient les premiers juges des contestations qui s'élevaient par rapport à la levée et aux fermes des aides (3). L'appel de leurs jugements devait être porté devant les généraux conseillers sur le fait des aides (4). Les gages des élus étaient de deux cents livres par an (5). Les sergents et les commissaires chargés d'accélérer le payement des aides devaient toujours être réduits au plus petit nombre possible (6).

Malgré les réformes radicales introduites dans cette institution, il fallut, dès 1389, envoyer des réformateurs dans le Languedoc et dans la Guienne pour corriger et punir les malversations commises par les élus (7).

En 1400, il s'introduisit quelque modification dans l'institution ; et, à partir de cette époque, il y eut, par diocèse, deux élus pour le fait des aides et un troisième pour lés décimes du clergé ; mais leurs gages restèrent les mêmes (8).

En 1448, Charles VII ayant institué les francs-archers, ce furent les élus, auxquels on adjoignit des commissaires, qui furent chargés de les organiser (9).

---

discrétion, de loyauté et de diligence, ou qui n'exerceront pas leurs fonctions en personne, seront remplacés par d'autres élus dans le païs ou ailleurs. Ceux qui auront trop pris, devront restituer et seront punis. Cette même année, il fut envoyé deux réformateurs dans chaque diocèse, pour faire le procès à ceux qui avaient commis des malversations par le fait des aides.

(1) Rec. des ord. des R. de Fr., t. VII, p. 176.

(2) Ibid., ibid., p. 220.

(3) Ibid., ibid., p. 762.

(4) Ibid., ibid., p. 749.

(5) Ibid., ibid., p. 175.

(6) Ibid., ibid., p. 246.

(7) Ibid., ibid., p. 328.

(8) Rec. des ord. des R. de Fr., t. VIII, p. 409.

(9) Ibid., t. XIV. p. 1.

Dans tout ce qui précède, comme on vient de le voir, il n'y a rien de spécial au Périgord ; mais il n'est pas douteux que cette province ne constituait pas une exception et que les abus, les désordres, les malversations y abondaient comme partout ailleurs.

La répartition des aides et subsides fut toujours l'œuvre spéciale des élus ; mais pour cette répartition, comme pour le reste, nous n'avons sur le Périgord rien de particulier, que je connaisse, avant 1483. A cette époque, Charles VIII adressa aux élus de la province, les lettres dont voici la teneur :

« Charles, par la grâce de Dieu, roy de France, aux esleus ordi-
» naires sur le faiçt des aydes ordonnéz pour la guerre en l'eslection
» de Périgort, ou à leurs commis, salut : comme, puis nostre évé-
» nement à la couronne, nous ayons esté avertis, tant par aucuns
» des gens de nostre sang et lignage, estans auprès de
» nous, que par autres notables personnes de nostre conseil,
» des grandes et insupportables charges que nos subjets
» ont portées et soutenues par cy devant, du vivant de feu nostre
» très chier seigneur et père, que Dieu absolve, et que, au moyen
» de ce, plusieurs de nosd. subgets avoient delaissé et habandonné
» leurs maisons, héritages et labourages dont ils (eux), leurs femmes
» et enfans vivoient et s'en estoient allez demourer hors de nostre
» royaume, et les autres estoient si appouvris que à peine la plus
» part avaient plus de quoy vivre, et estoient besoing de leur donner
» bonne espérance (par) aucun soulagement desd. charges ; et, à
» ceste cause eussions escrit à vous et aux autres esleus de nostre
» royaume, faire savoir à nosd subgets que nous estions délibérez
» de leur faire le plus grant soulagement que possible nous seroit ;
» à quoy nous avons depuis entendu et vaqué, et tellement que, par
» l'advis desd. seigneurs de nostre sang et gens notables de nostred.
» conseil, nous avons advisé, conclud et ordonné de faire rabattre à
» nosd. subgets une bonne et grande somme de deniers sur l'impost
» qui leur a esté faict pour ceste présante année, qui finira le dernier
» jour de décembre prochain venant, pour la soulde et payement de
» nos gens de guerre et autres affaires de nostre royaume, en
» attendant que, pour l'année à venir, leur puissions encores faire
» plus grand rabais et soulagement, ce que sommes bien délibérez
» de faire, à l'ayde de Dieu notre créateur et de nous y conduire et

» gouverner par manière que nosd. subgets congnoistront le grant » vouloir et desir que avons de entendre à leurd. soulagement, par » manière qu'ils puissent vivre en bonne paix et tranquillité soubs » nous ; et pour ce que dud. rabbat que nous avons ainsi faict sur » ceste année, comme dit est, revinct à la part et portion des habitants » de vostred. eslection, la somme de dix-sept cents l. t., nous » voulons et vous mandons bien expressement que vous vaquiez » et entendiez diligemment à rabatre lad. somme de XVII cents l. t. » sur l'impost de ceste année, de tous les habitants des villes, » villages et parroisses de vostre eslection, à solt la livre, et » dud. rabat les faites tenir quictes et descharges par notre receveur » des aydes et tailles de vostred. eslection, et y procédez par manière » que led. rabat viègne à la connaissance de tous les habitants desd. » villes, villages et paroisses, en le faisant, se mestier est, dénoncer » au prosne de la grant messe de leur église, afin qu'ils n'en » puisse prétendre cause d'ignorance ; et desd. rabatz nostred. » receveur sera tenu quicte et deschargé, et lui seront déduis et » défalquez de sad. recepte, par nos amez et féaulx gens de nos » comptes, auxquels nous mandons ainsi le faire sans difficulté, en » rapportant les présentes, avec le département dud. rabat, signé » de la main de vostre greffier, et recongnoissance suffisante faicte » par devant notaire publique, par les collecteurs et quatre ou six » des principaux habitants desd. villes, villages et parroisses, » comment ils auroient esté tenus quictes et descharges dud. rabat, » sur leurs impost de ceste année, car ainsi nous plaist-il et voulons » estre faict. Donné à Ambroise le 29e jour de septembre, l'an de » grace 1843 et de nostre règne le premier (1) ».

Ce précieux document nous permet de nous faire une idée assez juste de la manière dont avaient à procéder, dans la répartition des aides et subsides, les élus du Périgord qui avaient sous eux des commis pour les remplacer si besoin était, un greffier et des collecteurs qui, pour constater qu'ils avaient fait leur devoir, et que les redevables s'étaient parfaitement acquittés vis-à-vis d'eux, devaient reconnaître, devant notaire, et en présence de quatre ou six des principaux du lieu, qu'ils n'avaient plus rien à leur réclamer.

(1) Arch. nat., k. 73, nº 3.

Nous n'avons rien de particulier sur l'année 1484 ; mais nous trouvons qu'en 1485 le Périgord fut imposé pour une somme de 7,000 l. t. de subside proprement dit et de 565 l. t. pour les frais de répartition et perception ; que pour faire la répartition le plus justement possible on adjoignit aux élus, ou à leurs commis ou *lieutenants*, deux commissaires : Jean de La Loire, secrétaire du roi, et Mathurin Gaillard, élu de Blois (1). Nous trouvons en outre que Jean de La Loire et Mathurin Gaillard, qui avaient été chargés, en novembre, de concourir à la répartition de 7,000 l. t., avaient eu, dès le mois de mai précédent, la mission de répartir 2,600 l. t. en augmentation de subside sur cette même province, et que, par lettres du mois de décembre suivant, le roi leur avait donné, pour leur peine, 100 l. t. à prendre sur le receveur de l'élection, audit receveur 60 l. t. pour faire la recette de ces 2,600 l. (2).

Le rabais fait en 1483 avait été une concession forcée ayant pour but de calmer le mécontentement général des populations écrasées par les impôts toujours croissants ; mais ce rabais avait eu pour conséquence un déficit qui avait forcé le roi à faire un emprunt de 500,000 l. t., qu'il fallait rembourser, en 1486. Or, il ne pouvait se procurer cette somme que par l'impôt, et ce procédé devait inévitablement faire éclater de nouveaux mécontentements. Pour atténuer autant que possible le mauvais effet de cette nécessité, on prit de grands ménagements, et on s'arrangea de manière à n'avoir besoin que de 350,000 l. t., sur lesquelles le Périgord dut fournir 8,000 l. t. plus 600 l. t. pour les frais. Ce furent les élus seuls qui firent la répartition de ces deux sommes (3), et je dois le dire, rien ne donne à penser que le travail ne fut pas fait avec toute l'impartialité nécessaire.

Cependant le budget de Charles VIII, au lieu de s'équilibrer, voyait sans cesse le déficit grandir, si bien qu'en 1490, pour obvier aux embarras que le manque d'argent faisait naître incessamment, il fallut avoir recours à une sorte d'emprunt forcé sur les receveurs des finances. Des lettres du 3 mai nous apprennent que le receveur

(1) Arch. nat., K. 73, n° 34.
(2) Ibid., ibid., n° 37.
(3) Arch. nat., K 73, n° 46.

ordinaire de Périgord (1) reçut ordre d'envoyer au changeur du trésor, à Paris, le montant de tous les traitements assignés sur sa recette, pour le trimestre de janvier, février et mars passés, et, si par hasard il avait déjà payé partie de ces traitements, d'y joindre le montant de ceux d'avril, mai et juin, n'importe comment il pourrait se procurer la somme, qui lui serait remboursée sur les premières recettes de 1491 (2).

Malgré toute la bonne volonté qu'il manifestait toujours dans ses lettres, Charles VIII s'étant aperçu, en 1492, que le déficit avait fait des progrès énormes, imposa au Périgord le double de ce qu'on lui avait imposé en 1485. Il en fut de même en 1493 et 1494. Là s'arrêtent les données que nous possédons ; mais il est à croire qu'à l'avènement de Louis XII, la situation ne s'améliora pas. Nous verrons plus tard ce qui se passa durant le XVIe siècle et les siècles suivants.

Quelques détails maintenant sur la nature des produits, sur la manière dont s'en faisait la perception et sur la condition des collecteurs.

En dehors des aides, fouages, droit du commun, tailles, gabelle et subsides régulièrement établis et levés, on percevait des droits un peu sur tout, comme on peut en juger par les détails suivants :

La province était divisée en une infinité de petites baillies. Dans chacune de ces baillies, la baillie proprement dite, le faymidroit, le sceau royal, l'exécution du sceau royal, le greffe de la cour de l'exécution du sceau royal, le greffe des assises, les ventes, les fours, les marques des Juifs, les biens des bannis, avaient des droits à payer.

De leur côté les seigneurs percevaient des rentes et redevances, le droit de champart, la leyde, le droit de travers, le droit de barrière, etc., etc.

Tous ces revenus, tous ces impôts étaient affermés à des traitants qui affermaient souvent eux-mêmes à des sous-traitants plus ou moins les très humbles serviteurs des élus et de tous les fonctionnaires qui leur étaient supérieurs, et qui les exploitaient sans se

(1) Arch. nat., K 59, n° 27.

(2) Ce qui probablement eut lieu, mais amena l'augmentation d'impôts de 1492.

gêner. D'où il résultait qu'à leur tour, ils pressuraient le peuple et en tiraient tout ce qu'ils pouvaient. Et ce qu'il y a de plus étonnant, c'est que le même individu était parfois bailli royal dans une localité et fermier dans l'autre. Témoin le bailli de Montpazier (1) qui, en 1288, avait affermé la baillie de La Linde et celle de Molières pour trois ans, à la condition que, dans cet espace de temps, il construirait une pêcherie à La Linde et deux moulins. On ne se contentait même pas d'affermer, on vendait les baillies.

Du reste, malgré les vexations et les malversations qui se produisaient partout et sous toutes les formes, on procédait toujours avec une grande circonspection, dans tout ce qui se rattachait à la question financière, afin de refréner les désordres autant que possible. Voici le sommaire d'une ordonnance en 17 articles qui en dit plus que tous les commentaires dont on pourrait l'entourer :

« 1° Les receveurs bailleront à ferme les domaines et justices du » roi, et n'admettront pas les personnes de mauvaise renommée ; » 2° Ils se feront donner de bonnes cautions et n'accorderont ni » délai, ni répit pour les payements ; 3° Ils payeront les fiefs (pen- » sions) et aumônes (rentes) aux termes accoutumés, de la manière » qu'ils auront reçue ; 4° Ils entretiendront les bâtiments publics, » fours, moulins et autres édifices, sans y faire de nouvelles cons- » tructions ; 5° Les fiefs et aumônes et autres pensions étant payés, » ils enverront au trésor tout l'argent qui leur restera ; 6° Ils ne » prêteront pas les deniers du roi et n'en feront pas trafic ; 7° Ils » rendront exactement leurs comptes suivant l'ordonnance de la » chambre des comptes ; 8° Ils enverront leurs recettes au trésor, » sans dire le jour ni l'heure ; 9° Ils n'instruiront personne ni des » mains-mortes ni des estrayères (aubaine, confiscations et déshé- » rences) et autres casuels qui viendront au roi ; 10° Ils garderont » les droits du roi et veilleront à ce qu'on n'en recelle aucun ; 11° Ils » ne recevront d'argent de personne, ni ne souffriront que leurs » clercs en reçoivent. Ils n'affermeront aucun bien d'église ; 12° Ils » ne mettront dans les églises aucun parent et n'y prendront ni gîte » ni repas ; 13° Ils ne feront connaître à personne le montant de » leur recette, et n'indiqueront à personne la marche à suivre pour

(1) Il est vrai que c'étaient les Anglais qui procédaient de la sorte.

» obtenir des dons ou des assignations ; 14° Ils se rendront aux » assises ou y enverront leurs clercs, pour recevoir les exploits des » baillis ; 15° Chaque receveur pourra établir des sergents dans le » lieu de sa résidence ; 16° Les marchés et baux affermés des » domaines du roi seront faits par les receveurs et non par les » baillis. » Le 17e article n'intéresse que la Saintonge (1). Cette ordonnance, qui est du 17 mai 1320, fut adressée à tous les baillis et sénéchaux de France. Elle regardait donc le Périgord comme les autres provinces.

Dès la création du Parlement de Toulouse, le Périgord ressortit à ce Parlement, comme il a été dit, sauf pour les grandes affaires politiques et autres. Après le traité de Bretigny, les Anglais songèrent à créer une cour supérieure à Bordeaux, comme on a pu le voir dans le cours de cette histoire, et voulurent que provisoirement les affaires fussent portées à ce qu'ils appelèrent de prime-abord les grands jours de Bordeaux. Cette création ne plut ni aux populations ni aux grands feudataires ; et si quelques-uns des amis des insulaires adhérèrent à leur projet, l'immense majorité des habitants de la Guienne le repoussèrent et firent échouer toutes les tentatives essayées dans ce but. Après la rupture du traité de Bretigny, il ne fut plus question de cette cour supérieure, et l'expulsion définitive des Anglais rendit le pays à ses juges naturels et à ses vieilles habitudes. Il fallut cependant encore longtemps avant qu'on pût régulariser toutes les branches de l'administration.

(1) Rec. des ord. des R. de Fr., t. 1, p. 712.

LIVRE VIII

CHAPITRE Ier.

1500. **Mouvement social au xvie siècle.** — Le xvie siècle est une époque de transformation qui prit le nom de *Renaissance*, parce que la langue, la littérature, les arts, les sciences, les mœurs, les habitudes, le goût, tout tendait à se modifier, tout recevait une direction nouvelle, une impulsion inaccoutumée, et avait incessamment pour but une sorte de régénération. Ce n'est pas ici le lieu de traiter à fond cette question ; mais peut-être n'est-il pas hors de propos d'entrer dans quelques considérations sur cette révolution, en raison de l'influence qu'elle eut en Périgord, comme dans le reste de la France.

De prime-abord, je n'hésite pas à dire que la Renaissance, qu'on croit généralement n'avoir commencé son évolution qu'au temps qui nous occupe, a une origine bien plus ancienne et remonte au moins à l'époque du règne de Louis XI. Chassée de Constantinople par les Turcs, une colonie de savants Grecs vint se fixer en France, y introduisit une collection de livres précieux et s'y livra à l'enseignement. Voici ce qu'on lit à ce sujet, dans un document faisant partie du *Supplément aux Mémoires de Comines* (1) : « Déduisant l'estat » de la barbarie, qui commença sous Théodoric, roi des Goths, je » viendrai de siècle en siècle, jusques à celui de nostre Louis XI, » auquel je prétends montrer qu'il faut establir la *renaissance* et » restablissement des lettres, non seulement en cette université (de » Paris), mais aussi par toute l'Europe ».

Et un peu plus loin, en parlant de ces Grecs venus de Constantinople : « Or, entre ceux qui tendirent les bras à ces pauvres » exilés, on fait principalement compte de Sixte IV, Laurent de » Médicis, Alphonse, roi de Naples, et Mathias Corvin de Hongrie ;

(1) Edition de Bruxelles, t. IV, p. 75.

» nostre roi Louis XI demeurant dans l'oubli et dans le commun
» silence des historiens, quoiqu'il les ait reçus avec autant ou plus
» de courtoisie que tous les précédents, et que ce soit proprement
» de son règne que nous devons dater la *renaissance* des lettres, en
» cette université ».

Ces témoignages suffisent pour constater que le mouvement littéraire s'était largement dessiné sous Louis XI, durant le règne duquel l'imprimerie vint encore donner une nouvelle activité aux productions de l'esprit.

Mais ce n'est pas seulement au temps de Louis XI que nous trouvons cet amour du progrès, cette disposition à mieux faire que par le passé, ce besoin de donner à la société une impulsion en quelque sorte toute nouvelle; nous pouvons hardiment remonter au XIIIe siècle si nous voulons signaler les premiers germes de cette évolution, dont les tendances s'accentuèrent progressivement et finirent par préparer cette régénération qui agit d'une manière plus ou moins complète sur toutes les conditions de la société moderne.

Au XIIIe siècle, la littérature, les sciences, les arts, prennent un essor inaccoutumé. Jamais plus de poètes qu'à cette époque, jamais les sciences, en honneur durant cette période, ne furent cultivées avec plus d'ardeur; jamais on ne construisit plus d'églises et jamais, par conséquent, le dessin, l'architecture, la peinture, la sculpture n'étalèrent leurs richesses avec plus d'empressement (1).

Le XIVe siècle suivit les événements du XIIIe avec un empressement au moins égal et donna de nouveaux développements aux connaissances acquises. De plus, Charles V fonda une bibliothèque que son fils Charles VI s'appliqua à développer. Il y eut une sorte de temps d'arrêt sous Charles VII, par suite des longues guerres que ce monarque eut à soutenir; mais, comme nous l'avons vu, le XVe siècle ne resta point en arrière sous Louis XI, sous Charles VIII et Louis XII. Sous les deux derniers de ces princes, les expéditions d'Italie achevèrent de préparer les esprits aux grands travaux du XVIe siècle. L'architecture surtout prit un nouvel essor sous Louis XII. Telle était la situation au moment où le XVIe siècle fit son appari-

(1) Hist. litt. de la Fr. t. 16; *Discours sur l'état des lettres.*

tion. Il ne se passa cependant, en France, rien de bien remarquable sous le règne de Louis XII. Tout l'intérêt était en Italie, où les armées françaises firent d'abord des merveilles. Mais revenons au Périgord.

1500. — NONTRON. — Dès 1500, il fallut s'occuper de l'hommage de la seigneurie de Nontron dû à l'évêque d'Angoulême par le comte de Périgord ; et un mémoire fut rédigé à cet effet (1).

Dans cette même seigneurie, Louis et Hélie de la Mazières et autres avaient usurpé des bois. On fit une enquête à ce sujet cette même année (2).

1501. — JUSTICE. — La justice se rendait mal à cette époque. En 1501, il fallut faire une enquête sur un juge de Nontron (3) et sur des excès commis sur une femme et un homme, à Ans (4). Il fallut même que le comte de Périgord rendit de nouvelles ordonnances sur le fait de la justice en général (5) ; ordonnances qui furent renouvelées en 1503 (6).

1502. — PHILIPPE DE COMINES. — Philippe de Comines, auteur des mémoires sur le règne de Louis XI, avait acquis à pacte de rachat, sur Montignac-le-Comte, une rente de 200 écus d'or. En 1502, de son plein gré, cet illustre chroniqueur accorda au sire d'Albret, comte de Périgord, un délai pour le rachat de cette rente (7).

Cette même année, on acensa les terres vagues et désertes du comté (8).

1503. — PONCET DE MARQUEYSSAC. — Poncet de Marqueyssac, de la châtellenie d'Ans, et quatre de ses domestiques étaient accusés d'avoir recélé, dans le château d'Ans, des brigands pour les sous-

---

(1) Archives de Pau, 3e inv. prép. P. et L., l. 509, no 5.

(2) Ibid., ibid., l. 479 no 12.

(3) Ibid. Ibid., l. 496, no 1.

(4) Ibid. Ibid., l. 521, nos 15 et 16.

(5) Ibid. Ibid., l. 501, nos 61 et 66.

(6) Ibid., l. 501, no 32.

(7) Ibid., ibid., l. 95, no 17.

(8) Ibid., ibid., l. 496, no 12.

traire à la justice. En 1503, une enquête fut dirigée contre eux et l'affaire fut vigoureusement poursuivie (1).

La dame de Montrésor. — Nous retrouvons, à cette même date, des pièces relatives au procès entre la dame de Montrésor et le comte de Périgord (2).

1503. — Le pont de Bergerac. — A une époque que je n'ai pas pu préciser (3), le pont de Bergerac avait été renversé, sans doute par quelque débordement. En 1503, les habitants de cette ville furent autorisés à le reconstruire. Cette autorisation pourrait bien se rattacher au mouvement architectural dont j'ai parlé plus haut.

Geoffroi de Pompadour, évêque de Périgueux. — Cette même année, Geoffroi de Pompadour, nouvellement créé évêque de Périgueux, fit son entrée dans cette ville, et, conformément à l'usage, prêta serment à la ville et au roi, s'engageant à protéger et faire respecter les franchises et privilèges municipaux.

Miremont. — La terre et seigneurie de Miremont (4) avait toujours fait partie des domaines des vicomtes de Turenne, seigneurs de Limeuil, comme il a été constaté dans le cours de cet ouvrage. A la fin du xve siècle, elle appartenait à Agnet de LaTour, quatrième du nom, père de Marie de Latour, mariée, en 1490, avec Jean d'Autefort, chevalier seigneur d'Autefort, de Thenon, etc., conseiller et chambellan d'abord de Charles VIII et ensuite de Louis XII. Agnet et sa femme étant morts, il s'éleva un procès entre Jean, au nom de sa femme, et Antoine de Latour, frère de Marie, au sujet de la dot de cette dernière. Ce procès fut suivi, en 1504, d'une transaction par laquelle la terre de Miremont fut donnée à Marie, en compensation de tous les droits qu'elle avait à prétendre, pour une somme de 1,200 l. t., avec la faculté audit Antoine de racheter ce domaine, dans vingt-neuf ans.

1504. — Bandoliers. — Dès le quinzième siècle, on avait vu

(1) Arch. de Pau, I. P., l. 524, plusieurs pièces.

(2) Ibid., ibid., l. 405, n° 5.

(3) Il était encore debout en 1483. Arch. nat., Reg. du tr. des ch. coté 201, p. 25.

(4) Ibid., sect. dom., papiers Bouillon, l. 15.

apparaître, dans le midi de la France, des bandes de pillards auxquels on avait donné le nom de *Bandoliers*, parce qu'ils portaient leurs armes et leur butin en bandoulière, c'est-à-dire au moyen d'une *bande* de cuir jetée sur l'épaule droite et allant s'attacher sous le bras gauche. Ces bandoliers s'étaient tellement répandus dans la Guienne, en 1504, que le Parlement de Bordeaux dut faire une proclamation contre eux (1).

Belvès et Fongaufier. — Vers cette époque, ou peu de temps après, Jean de Foix, archevêque de Bordeaux et seigneur de Belvès, se trouvant dans cette dernière ville, transigea avec l'abbesse et le couvent de Fongaufier, commune de Sagelat (2).

Par malheur les détails manquent sur cette transaction, de même que sur un procès qu'avait alors à soutenir le chapitre de Saint-Front et qui ne nous est connu que par un arrêt, sur incident, rendu par le Parlement de Bordeaux (3).

Dauphin Pastoureau. — Dauphin Pastoureau, élu du Périgord très probablement depuis plusieurs années, avait acquis du comte de Périgord, de 1497 à 1501 (4) un certain nombre de paroisses. En 1504 il en acquit d'autres, de ce même comte, pour la somme de 11,380 livres (5).

Eglise de Sarlat. — Voici encore une preuve du mouvement architectural qui se produisit sous Louis XII. Depuis que l'abbaye de Sarlat avait été érigée en évêché, on avait souvent eu l'idée de raser l'église abbatiale pour la rebâtir à la moderne, avec toute la splendeur d'une église collégiale. Le 18 juillet 1504, on commença à la démolir, et le 6 février 1505, on jeta les premiers fondements de la cathédrale (6).

1505. — L'évêque d'Angoulême. — Nous avons des lettres d'Hugues de Bauza, évêque d'Angoulême, portant la date du 12 avril

(1) Arch. de Pau, 3e inv. prép., P. et L., l. 506, no 46.

(2) Hist. gén. du P. Anselme ; éd. d. P. Simplicien, t. III, p. 383.

(3) Arch. de Pau, 3e inv. prép., P. et L., l. 506, no 10.

(4) Ibid, ibid., l. 81, no 7. C'étaient Saint-Martin-le-Peint, Savignac-de-Nontron, Abjac, Augignac, St-Angel, St-Front, Champnier et Nontronneau.

(5) Ibid., ibid., l. 496, no 29.

(6) Tardes : Antiquités du Périgord et du Sarladais.

1505, par lesquelles il reconnaît que le comte de Périgord lui a fait hommage pour tout ce qu'il tient de lui dans le Périgord (1).

1506. — ELECTION DES MAIRE ET CONSULS DE PÉRIGUEUX. — J'ai donné plus haut les statuts rédigés en 1476-1477, pour l'élection des maire et consuls de Périgueux. Ces statuts subirent des modifications importantes, en 1506, à la suite d'un arrêt du Parlement de Bordeaux ; je vais signaler ces modifications.

Le document débute ainsi : « En l'an 1506, au mois de novem- » bre, regnant le très chrestien roy Loys, douziesme de ce nom,... » personnellement establitz, en la maison commune de la ville et » cité de Périgueux, appelée *de consulat*, les maire et consulz de » ladite année (suivent les noms), et aussi les cy embaz et dessoubz » nommez, etc. (Suivent pareillement les noms.)

» Illec assemblés, en grand nombre, pour traiter dez affaires de » ladicte ville et cité, et entre autres pour pourvoir sur le faict des » ellections des maire et consulz..... et aussi pour pourvoir sur la » nomination des quatre personnages non suspectz et favorables » pour ouyr les comptes des maire et consulz...... et la tout sellon » la forme de l'arrest donné et prononcé par la noble court de » Parlement, pour ledict seigneur, tenant en la ville de Bordeaulx ; » sur la forme de faire ladicte ellection et aussi reddition des comptes » des deniers et recepte de ladicte ville et cité de Périgueux, et par » lesditcz maire et consulz et aulcuns des habitants de ladicte ville » et cité, à cause duquel (de quoi), avoyt esté prononcé ledict arrest, » par lequel avoyt esté ordonné que la ellection desdictz maire et » consultz et autres officiers, inserez ez statuz de ladicte ville com- » mençans : *Novarint universi quod anno domino millesimo tercen-* » *tiesimo quinquagesimo primo*, et finissant par ces parolles : *En* » *aulcun jugement ny deforo* (dehors), seront d'ores en avant » observés et gardés sans enfreindre, jusques à ce que, par ladicte » ville et consuls d'icelle lesdicts statutz veuz, autrement en feust » ordonné, ce qu'ilz seroient tenuz de faire dedans ung an pro- » chainement venant ; et oultre, avoyt esté ordonné, par ladicte » court, que lesdictz maire et consulz et aultres officiers de ladicte » ville, seroient tenus rendre compte et reliqua, ung chascun an,

---

(1) Arch. de Pau, 3e I. P., l. 84, no 10.

» par les trente prud'hommes de ladicte ville, moyennant quatre » personnages non suspectz et favorables ; et, pour mettre fin » ausdictz négoces, et en obéyssant audict arrest, le onziesme jour » de juillet, au susdict *mil cinq cens et six*, audict Bordeaux » prononcé, lesdictz maire et consulz, etc..., hen dessus ce que dict » est, traité et conseilh, avecq eus meure délibération et veu et visité » les poincts et articles desdictz statutz et aultres contenuz en ung » instrument et livre ancien, commençans *in nomine patris et filii » et spiritus sancti, amen*, et finissant *sans y regarder amic ni » enemic.* »

Il résulte de ce qui précède qu'il y avait des statuts rédigés en 1351 que je n'ai pas retrouvés, mais qui ne devaient être que le développement et la consécration des règles consignées dans l'arrêt du parlement de 1309 ; que les statuts de 1476-1477 durent être rédigés dans le but de faire des rectifications ou des modifications reconnues nécessaires, et que ceux de 1506, formulés à la suite d'un arrêt du Parlement de Bordeaux, qui avait reconnu la nécessité de retoucher ceux de 1476-1477, sont la dernière expression du besoin de perfectionner ces statuts à mesure que l'expérience indiquait une amélioration à faire (1). Voici le texte modifié en 1506. A l'art. 1er, il faut ajouter : « Item aussi aulcun qui aura esté maire ou consul ne » pourra estre maire ni consul de trois ans aprés ; toutes fois lesdits » preud'hommes qui feront ladite ellection, pourront continuer en » leur ellection le maire et consuls de celle année que l'on fera » ladicte ellection, s'ils voyent que ce soit le bien et utilité de la » chouse publique et y a cause raisonnable (ces maires et consuls) » seront tenus exercer lesdicts offices pour celle année seulement.

(1) Le supplément au mémoire sur la constitution politique de la ville de Périgueux (Paris, 1775, in-4o) a commis plusieurs erreurs au sujet de ces statuts. C'est ainsi qu'il débute par ces mots : « Extraits d'un statut sans date et le plus ancien, commençant par ces mots : *In nomine patris et filii, etc.*, et finissant par ceux-ci : *Sans y regarder ami ni ennemi*, tandis qu'il est dit dans le document, en propres termes, qu'il fut rédigé en 1476-1477 et que, d'un autre côté, comme on vient de le voir, il y aurait eu d'autres statuts rédigés en 1351. Mais ce qu'il y a de plus fort, c'est qu'il revient plus bas sur les statuts de 1476-1477, auxquels il assigne leur date, sans d'ailleurs s'expliquer sur ceux qu'on donne comme ayant été rédigés en 1351. Le reste de l'extrait est de la plus parfaite exactitude. Ce supplément, imprimé à Paris, rue du Fouarre, donne cet extrait à la p. 96.

» Les maire et consuls qui esliront les quatre preud'hommes ne » pourront eslire aulcun père ni frère desdicts maire et consuls.

» Les quatre preud'hommes ne pourront eslire aucun des huit » preud'hommes qui feront ellection desdicts maire et consuls qui » soit frère germain, pére, fils d'un desdicts quatre preud'hommes.

» Et lesdicts huit preud'hommes esliront unq maire et sept con- » suls que bon leur semblera estre les plus suffisants en leurs cons- » ciences non suspects.

» Art. 2. — Et aulcun desdicts quatre preud'hommes premiers » esleus qui feront la ellection des huict preud'hommes qui feront » ladicte ellection desdicts maire et consuls, ne pourra estre esleu » en maire ni consul de toute l'année qu'il sera eslu preud'homme ; » mais toutes foys pourra bien estre esleu en maire et consul de » ladicte ville et cité l'année après prochainement venant ensui- » vant, ou en preud'homme aussi.

» Art. 3. — Lesdits huit preud'hommes pourront eslire le maire » de quelque quartier de la ville que bon leur semblera ; mais les » consuls seront esleus l'un du quartier de *Verdu*, l'autre du » *Pont*, l'autre de *Taillefer*, l'autre de l'*Agulharie*, l'autre de la » *Limogane*, l'autre de *Rue Neuve*, l'autre du *cueur de la ville*, » l'autre de la Cité, si esdits quartiers en a de suffisans pour exer- » cer lesdicts offices, et si n'en y a de suffisans, en pourront pren- » dre et eslire d'autres quartiers.

» Art. 5. — Les huit preud'hommes qui seront esleus à faire » ellection des maire et consuls de ladicte ville, ne pourront eslire » aulcun qui soit des conditions qui s'ensuyvent.

» Et premièrement aulcun qui aye procès avec ladicte ville, par » raison de la juridiction ou police ou du domayne patrimonial de » ladite ville, pendant ledict procès, ne qui soit juge, procureur, » greffier ou prévost du comte de Périgort, de l'évesque, ne déz » chapitres. On lit en marge : 1° Nota : *Cet acte est mal pratiqué* ; » et plus bas d'une aultre écriture : Nota : *Que cet acte est abrogé.*

» Item, ne aulcun officier d'autre seigneur qui ayet procès des » dictes matières avec ladicte ville.

» Art. 6. — Aulcun infame excommunié publique et notoyre

» ne pourra estre esleu en maire, consul, juge, procureur ne gref-
» fier de ladicte ville, en quelque façon que ce soit.

» Art. 7. — Si la ellection desdicts maire et consuls et autres » officiers dessusdicts estoit faicte contre la forme des articles » dessusdits et chascun d'eulx, ladicte ellection sera nulle et de » nulle valeur *ipso facto*, et audict cas les quatre preud'hommes » esleus par lesdits maire et consuls esliront aultres huit preu-» d'hommes qui feront la ellection desdicts maire et consuls ; c'est » à savoir en lieu de cellui ou ceulx qui seront esleus contre la » forme des articles dessusdits, aulcun d'iceuls.

» Art. 8. — Lesdicts maire et consuls ainsin nouvellement créés, » dedans huict jours après. esliront les juges et procureur et recep-» veur, et avant que faire ladite ellection, jureront de eslire gens » ydoynes et souffisans pour exercer lesdicts offices, sans avoir » regard à faveür, amytié ni hayne quelconque.

» Art. 9. — Lesdicts juge et procureur feront serment sur le » missel et la croix, entre les mains des maire et consuls, de bien » et loyallement exercer justice, sans acceptions de personnes, » tant au petit que au grand, au pauvre que au riche, que, pour » faveur et amytié ne haine ils ne feront que justice.

» Art. 10. — Lesdicts maire et consuls ainsin nouvellement créés, » dedans quinze jours, après leur dicte ellection, esliront et nomme-» ront trente personayges que l'on appelera les trente preud'hommes, » saiges et discretz de ladicte ville et de tous estats, pour les con-» seillers, en leurs affaires qui requerent conseilh, et lesdictz » trente preud'hommes feront serment de bien et loyallement con-» seiller, et ne reveller leur conseil.

» Art. 11. — Celuy qui sera recepveur, avant que estre receu » audict office, baillera caution de rendre bon compte et payer le » reliqua jusqu'à la somme que sera advisé par les maire et consulz » qui le recepvront, sur peine de soy (cela) prendre sur eulx.

» Art. 12. — A la fin de chascune année que le greffe de ladicte » ville achèvera, ledict greffier baillera ausdictz maire et consulz, » le registre du conseilh général et secret et des causes esquelles » pouroyt escheoir plus grand esmande que troys soulz tournoys,

» lequel registre demeurera en la maison commune de ladicte ville ; » et à ce faire sera contrainct ledict greffier, par lesdictz maire et » consulz, par prinse de corps et autrement, et ce sur poyne de s'en » prendre sur eulx ; et en baillan l'afferme du greffe sera signifié » audict greffier.

» Art. 13. — Les trente preud'hommes seront tenus aller et soy » assembler au consullat, avec lesdictz maire et consulz aux affaires » de ladicte ville et quant ilz seront mandés par lesdictz maire et » consulz ; et aussi tous les autres habitants, sur poyne que leur » sera indicte par lesdictz maire et consulz, si n'ont excusation légi» time.

» Art. 14. — Si aulcun desdictz maire et consulz, juge, procureur, » greffier, trente preud'hommes ou autre qui sera appellé en conseilh » secret, revelle aulcune chouse de ce que sera dict en conseilh de » ladicte ville, quand iceulx maire et consulz tiendront conseil, » celluy ou ceulx qui le revelleront, seront privés à perpétuité de » tenir office de ladicte charge, sans aulcune rémission, et aultre» ment pugny à l'arbitrage desdictz maire et consulz, et aussi les» dictz maire, consulz et aultres officiers, preud'hommes de ladicte » ville feront de ce serment a leur nouvelle création et institution.

» Tous les habitans de ladicte ville et cité et juridiction d'icelles » seront tenuz faire serment sur les évangiles, entre les mains des » maire et consuls, d'estre bons et loyaulx au roy, ausdicts maire » et consuls, et leur porter honneur et à eulx (estre) obéissans » comme à leurs seigneurs.

» Art. 15. — Lesdits maire et consuls seront tenus rendre » compte et payer le reliqua aux maire et consuls qui seront aprés » eulx, appellés avecques eulx quatre gens de bien non suspects ne » favorables desdits maire et consuls, et seront esleus par lesdicts » trente preud'hommes, moyennant serment, et rendront compte, » et feront ladicte reddition de compte et payeront le reliqua » dedans quatre moys après que l'année de leur consulat sera finie, » sur poyne de quatre cent cinquante livres tournoyses, desquelles » le mayre en payera cent livres et chascun des consuls cinquante, » et davantage, si, dedans ledict temps, lesdits maire et consuls » n'ont rendu ledict compte, les autres maire et consuls de ladicte

» année, leur feront tenir l'arrest et prison dedans la maison du » consulat, sans ce qu'ils soyent ultérieurement eslargis avecques » pleiges ou aultrement, jusques ad ce qu'ils auront rendu lesdicts » comptes et payé le reliqua et la poyne dessusdicte, sous poyne de » s'en prendre sur eulx.

» Art. 16. — Lesdits maire et consuls ne pourront bailler a » afferme aulcun esmolument de ladicte ville sinon que l'affer- » mier baille plaiges suffisantes pour payer ladicte somme que se » montera ladicte afferme, sur poyne de s'en prendre sur eulx.

» Art. 17. — Ledict receveur sera tenu rendre compte et payer » le reliqua, se aulcun y en a de sa recepte, ausdictz maire et con- » sulz qui l'aront faict recepveur, dedans deux mois après que l'année » de leur administration sera finie, sur poyne de cent livres tour- » noyses qui seront appliquées à la réparation de ladicte ville, et » néantmoins lesdictz deux moys passés, lesdictz maire et consuls » lui feront tenir prison clouse dedans la maison de ladicte ville » jusques ad ce que (il) aura rendu compte et payé le reliqua à la » poyne susdicte ; et, si se trouvoys aulcune chouse estre due au- » dict recepveur, pour le payement de ce, tous les deniers et » domaynes de ladicte ville en seront audict recepveur obligés.

» Item, les *komtes* (comptes ?) de la cité et aultres de ladicte ville » seront levés par le recepveur de ladicte ville, et non par le consul » né de la cité ou d'aultre.

» Art. 18. — Le maire aura une clefz du trésor de ladicte ville, » et (le) premier consul l'autre, et l'autre après l'autre ; et n'ouvri- » ront qu'ils n'y soient tous troys, ou aultre consul en leur lieu.

» Art. 19. — D'ores en avant n'y ara que six sergens de ladicte » ville seulement, et aront un chascun desdictz sergens quatre » livres tournoyses de gaiges par an, et les vestements acoustumés ; » lesquels seront tenus et jureront de faire bonnes relations et ser- » vir lesdictz seigneurs, maire et consulz et aultres officiers et leurs » cours ; et feront lesdictes relations, sans en rien celler, et ce sur » poyne de privation de leurs offices et autrement, comme le cas le » requerra.

» Art. 20. — Lesquelz articles et statutz, quant à ce que (ils) con- » tiennent, avons auctorisé et auctorions, par ces présentes, les aul-

» tres anciens statutz non contraires à ceulx-ci demeurant en leur » force et vertu.

» Lesquelz articles dessusdictz et statutz vieux et nouveaulx ont » esté de mot à mot levez bien au long et donnés à entendre à tous » les dessus nommez, en leur langaige et après qu'ils les ont bien » entendus et l'effaict d'iceulx, ont dict l'un après l'aultre et les » tous d'ung accord, interpellez par mesdictz seigneurs maire et » consulz, que lesdictz articles et statuz dessus escriptz estoient et » sont bons et bien ordonnez pour le prouffit et utillité des villes » et cité et juridiction de Périgueux, manans et habitans et subjectz » d'icelles et tout le bien public, et (ont) dict que lesditz articles et » statuz doivent être entretenus de poinct en poinct d'ores en avant, » et jamais n'estre enfrainctz en aulcune manière, ains demeurer à » perpetuelle memoyre, et ont requis nosdictz seigneurs maire et » consulz et les dessus nommés et ung chascun d'eulx, ensemble » maistre Guy Durang, procureur et scindic desditz manans et ha- » bitans desdictes villes et cité de Périgueux, juridiction d'icelles, » estre interpousé ausdictz articles et statuz, le decret et auctorité » judiciaire de leur court, afin que vaillhent et tiengnent sceulx » statuz d'ores en avant et que foy y soit adjoustée, comme faictz en » jugement. Laquelle requisition, par nosdictz seigneurs ouye, » comme dict est, ont mis et interpousé ausdictz articles et statuz, » leur decret et auctorité judiciaire. Desquelles chouses susdictes » les dessus nommés et chascun d'eulx, chascun en son endroigt, en » ont demandé acte et instrument à moy greffier cy dessoubz escript, » ce qui leur a esté octroyé, soubz le séal aux contractz de la pré- » sente ville et cité de Périgueux. Ledict de La Douze a protesté » de ne préjudicier à ses privilèges, parce que dict est dessus. Faict » en jugement, en la maison commune de la ville de Périgueux, » pardevant honorables personnes Jacques Lambert, esleu pour le » roy en Périgort et maire de Périgueux, Hervé-Fayard, Jacques » Bocher, Jehan Chouchier, Jean Queyrel, Pierre Dupuy, Bertrand le » Vieulx, Pierre Androyn et Jehan Charentor, dict premier consul » desdictes ville et cité. Le jeudi 12 du mois de novembre 1506 (1). »

1507. — Ans et Excideuil. — Le 13 septembre 1507, Jean d'Al-

(1) Arch. de Périgueux, livre des élections, etc.

bret, roi de Navarre, comte de Périgord, etc., transigea avec Charlotte de Blois, dite de Bretagne, dame de Meneton, au sujet des seigneuries d'Ans et d'Excideuil (1), et l'année suivante, le traité fut réglé comme il suit : Charlotte renonça aux droits qu'elle pouvait avoir sur la seigneurie d'Excideuil, du chef de Jeanne de Bretagne, sa sœur, moyennant que ledit roi lui donnât la seigneurie d'Ans pour la somme de 12,000 écus d'or, rachetable dans dix ans (2).

Lisle. — Cette même année, Jacques de St-Astier, seigneur de Lisle, reconnut que sa seigneurie relevait du comte de Périgord et que la justice qu'on y rendait était du ressort du comté (3).

1508. — Prébendes. — Le comte de Périgord disposait des prébendes à St-Front ; c'est du moins ce qu'il faut conclure du don d'une de ces prébendes qu'il octroya, en 1508, à un prêtre du nom de Pierre Valadrin (4).

1509. — Le comte de Périgord. — Ce comte avait, comme on sait, un juge des appels. En 1409, Louis XII, par suite d'un procès au Parlement de Bordeaux, ordonna au procureur général de ne pas permettre que ce juge fonctionnât, pendant tout le temps que durerait ce procès (5).

Greffe de la sénéchaussée. — J'ai dit ailleurs que le comte de Périgord avait son sénéchal. Ce sénéchal avait un greffier. En 1509, ce comte vendit le greffe de son sénéchal à Guillaume de la Roumeguière, la somme de 10,000 livres, à la charge, par ledit La Roumeguière, de traiter pour rien les affaires de ce seigneur (6).

Charles de la Roumagnie. — Le maître d'hôtel du roi de Navarre, comte de Périgord, s'appelait alors Charles de la Roumagnie. Il était seigneur du Roussel et de la Filolie et fit hommage au comte, de la Filolie et de la Cipière, prévôté et seigneurie de Thiviers (7).

(1) Arch. de Pau, 3e inv. prép., P. et L., l. 492, n° 1.
(2) Ibid., ibid., l. 524, n° 26.
(3) Ibid., ibid., l. 520, n° 8.
(4) Ibid., ibid., l. 531, n° 15.
(5) Ibid., ibid., l. 501, n° 26.
(6) Ibid., ibid., l. 514, n° 48.
(7) Ibid., ibid., l. 493, n° 20.

1510. — Badefols-d'Ans. — En septembre 1510, le comte donna une procuration pour le rachat de la seigneurie de Badefols-d'Ans, vendue, comme on l'a vu, plus de 12,000 écus d'or (1) ; et quatre autres, pour des ventes de domaines (2), parmi lesquels Abjat, rachetable dans vingt ans (3). La même année, il donna ordre de racheter la paroisse de Valojoux, juridiction de Montignac (4).

1510-1512. — Hommages. — De 1510 à 1512, Jean d'Abzac, Mondot de Lamarthonie, le seigneur de Jumilhac et autres firent hommage au comte pour leurs différents domaines (5). Jean de Commarque, Jean du Barry, seigneur de Larenaudie ; Jean de Saint-Astier ; Jean de Grammont ; Héliot de Ferrières, seigneur de Sauvebeuf ; François et Jacques de Cravant, obtinrent des répits d'hommage (6).

En 1510, arrêt du Parlement de Bordeaux contre Jeanne de Bretagne, dame d'Excideuil, au sujet de certains villages des environs de cette ville (7). A cette même époque, on s'occupa de la justice de Thiviers (8). En 1511, le comte racheta la paroisse de Fanlac (9).

Justices de Sarlat et de Beynac. — Cette même année, les justices de Sarlat et de Beynac furent détachées l'une de l'autre et eurent chacune leur circonscription bien distincte (10).

Limites du diocèse de Sarlat. — Les limites du diocèse de Sarlat laissaient des doutes sur quelques points. Une ordonnance de Louis XII leva toutes les difficultés (11).

Fanlac et Auberoche. — En 1512, Jean de Navarre vendit à

---

(1) Arch. de Pau, 3e inv. prép., l. 521, no 6.

(2) Ibid., ibid., l. 497, no 19.

(3) Ibid., ibid., l. 86, no 11.

(4) Ibid., ibid., l. 498, no 48.

(5) Mondot de Lamarthonie avait obtenu un répit en 1512 ; l. 480, no 11 ; l. 493, no 20 ; l. 84, no 13.

(6) Ibid., ibid., l. 493, no 2).

(7) Ibid., ibid., l. 506, no 9.

(8) Ibid., ibid,, l. 496, no 31.

(9) L. 520, no 1.

(10) Inventaire à la suite des *Antiquités du Périgord et du Sarladais*, par le chanoine Tardes.

(11) Ibid.

Alain son père, la seigneurie d'Auberoche, pour la somme de 2,000 écus.

1513. — Le sénéchal de Périgord. — Bertrand d'Estissac, nommé sénéchal de Périgord, en 1513, par le roi Louis XII, et lieutenant du gouverneur de Guienne pour le duc d'Angoulême, prit possession de son emploi de sénéchal, le 27 novembre, après avoir prêté à la ville le serment accoutumé (1).

1514. — Ans et Nontron. — En 1514, le comte de Périgord fit hommage d'Ans et de Nontron à l'évêque d'Angoulême (2).

Nous trouvons encore que, cette année, François de Bourdeille, François d'Escars, François de Mareuil et Fiacre de Salignac servaient en qualité d'hommes d'armes dans la compagnie d'ordonnance de Louis XII (3).

Mareuil, Les Bernardières. — Un hommage rendu par la mère du seigneur de Mareuil, en son nom, nous apprend qu'à cette date ce seigneur possédait à la fois le château de Mareuil, le château et la châtellenie des Bernardières, le château et la châtellenie de Bourzac et l'hôtel de Crésignac, châtellenie de Nontron (4).

Le comte de Périgord. — A cette même époque, Alain d'Albret, à cause de ses affaires et de son grand âge, se trouvant dans l'impossibilité d'aller à Paris rendre hommage pour ses terres de Montignac, Ribeyrac, Espeluche, Montcuq, Roussille et Vergn, obtint un répit d'un an, à la condition qu'il payerait les droits et devoirs qui lui incombaient (5); mais Louis XII étant mort, en décembre, le comte devança l'époque (6), et reçut du nouveau roi, François Ier, des lettres reversales portant qu'il avait reçu cet hommage (7).

1515. — Périgueux. — Nous avons aussi des lettres de François Ier, du mois de janvier 1515, constatant que le maire de Périgueux, comme maire et fondé de pouvoirs de la municipalité et de tous les

(1) Rec. de titres, etc., p. 348.
(2) Arch. de Pau, 3e i., P., l. 86, no 6.
(3) Œuvre de Brantôme, t. II, p. 9.
(4) Arch. de Pau, 3e inv. prép. P. et L., l, 493, no 20.
(5) Ibid., ibid., l. 493, no 26.
(6) L. 4, no 1.
(7) Ibid., no 3.

habitants de la ville, lui fit l'hommage qu'ils étaient tenus de faire (1).

COLLÉGE DE PÉRIGORD. — En vertu d'un arrêt du Parlement de Toulouse, les différents colléges fondés dans la capitale du Languedoc, parmi lesquels celui du Périgord, durent produire, dans huitaine, devant des commissaires *ad hoc*, leurs titres de fondation (2); et, dans le cours de la même année, il y eut deux procurations de données pour résigner deux places dans ce collége (3).

DON GRACIEUX. — En 1512, avec la permission du roi Louis XII, on répartit sur les habitants du Périgord une somme d'argent accordée comme don gratuit, par les états de la province, au comte de Périgord (4). Le 21 mai 1515, le comte donna une procuration, pour, conjointement avec les députés des états, entendre la reddition des comptes de ce don (5). Le 24 de ce même mois, des commissaires de ce comte se présentèrent devant les élus du Périgord, et sommèrent Pierre, chevalier, receveur des tailles du pays, de rendre ces comptes (6).

JEAN D'ABZAC, SEIGNEUR DE LA DOUZE. — On contestait à Jean d'Abzac, seigneur de La Douze et de Reillac, certains droits inhérents, selon lui, à une maison qu'il possédait à Périgueux. Le 16 juin 1515, François Ier autorisa une enquête à ce sujet, en présence d'un commissaire du roi de Navarre, comte de Périgord (7)

SEIGNEURIE DE THIVIERS. — Dans le cours de la même année, la seigneurie de Thiviers fut vendue à Mondot de Lamarthonie pour le prix de 7,000 l., avec la faculté au comte de la racheter dans deux ans (8). Cette vente, ratifiée par le comte, le 1er decembre (9), fut plus tard la source de quelques difficultés, parce que, le 9 janvier 1516, il y eut une assignation donnée à Mondot de Lamarthonie,

(1) Arch. nat., J 861.
(2) Arch. de Pau, 2e inv. prép. P, et L., l. 85, n° 16.
(3) Ibid., ibid., l. 86, n° 1.
(4) Ibid., ibid., l. 507, n° 5.
(5) Ibid., ibid., n° 4.
(6) Ibid., ibid., l. 496, n° 2.
(7) Ibid., ibid., l. 503, n° 2.
(8) Ibid., l. 522, n° 17.
(9) Ibid., l. 85, n° 12.

de la part du comte, à comparaître devant le bailli de Blois, pour y recevoir le montant du rachat (1).

MIREMONT. — Selon une note extraite des archives du château de Miremont (2), cette terre passa à Etienne de Bonnal, écuyer, par un échange avec Antoine et François de Latour, père et fils, vicomtes de Turenne, fait le 30 juin 1516. Elle passa à la maison d'Aubusson par Catherine d'Aubusson, femme de Pierre de Bonnal, fils d'Etienne, dont elle hérita, comme je le dirai plus tard.

BERSAC, SAINT-LAZARE ET BEAUREGARD. — Le 12 juin, le comte de Périgord donna sa procuration à son fils, le cardinal d'Albret, pour racheter de Jean d'Aubusson, seigneur de Villac, les paroisses de Bersac, de St-Lazare et le bourg de Beauregard (3).

1517. — VILLEFRANCHE-DE-LONPCHAC. — Villefranche-de-Lonpchac et Puynormand avaient été vendus, à pacte de rachat, à Charles de Rohan, chevalier comte de Guise et de Gié, et à François de Rohan, archevêque de Lyon. Il s'éleva quelques difficultés au sujet de cette vente et, en 1517, un arrêt du conseil condamna Charles et François à restituer au comte de Périgord la moitié de ces seigneuries, avec la moitié des fruits, en payant ledit comte 2,000 l. t. et les loyaux frais (4).

1518. — ANS. — La terre d'Ans avait été vendue à pacte de rachat au prince de Chimay et à Anne de Croy, sa fille ; le cardinal d'Albret, au nom du comte de Périgord, obtint de François Ier des lettres qui autorisaient le recouvrement de cette terre, que les acquéreurs étaient disposés à garder (5).

LES BERNARDIÈRES, LA CHAPELLE-POMMIER, CHAMPEAUX, SAINT-MARTIAL-DE-VALLETTE, SAINT-SULPICE-DE-MAREUIL. — Un procès engagé sur une question de droit féodal, nous apprend qu'en 1518, le Parlement de Bordeaux siégeait à Périgueux, *pour certaines causes*. Voici le sujet de ce procès : Antoine d'Anthon, seigneur des Ber-

(1) Arch. de Pau, L. 86, n° 18.

(2) J'ai une copie de cette note (L. D.)

(3) L. 497, n° 40.

(4) L. 90, n° 17.

(5) L. 524, n° 21.

nardières, avait vendu à François de Bourdeilles, baron dudit lieu, le château et la seigneurie des *Bernardières* avec ses dépendances, situées dans les paroisses de *Lachapelle-Pommier*, de *Champeaux*, de *St Martial-de-Vallette* et de *St-Sulpice-de-Mareuil*. Guy de Mareuil, seigneur dudit lieu, comme seigneur immédiat, réclamait les droits de lods et vente et l'hommage accoutumé. En première instance, devant le sénéchal de Périgueux, Guy avait été débouté de sa demande. Appel ayant été fait, l'affaire avait été portée au Parlement de Bordeaux qui, après de longs débats, le 23 décembre 1518, rendit son arrêt à Périgueux, cassa le jugement du sénéchal et condamna le baron de Bourdeille à payer les lods et vente et à faire l'hommage réclamé (1).

Larche et Terrasson. — Bertrand de Salignac, baron dudit lieu, jouissait des seigneuries de Larche et de Terrasson, vendues à Antoine de Salignac, son père, par Alain d'Albret, comte de Périgord. Mais Alain d'Albret ayant été condamné à restituer la moitié de ces seigneuries au comte de Penthièvre, Bertrand de Salignac fut obligé de demander un sursis et obtint que l'exécution du jugement, rendu en faveur du comte de Penthièvre, fût ajournée. Des lettres de François Ier, du 9 juin 1518, nous apprennent que le seigneur de Salignac avait sollicité de lui d'être ajourné devant le Parlement de Bordeaux pour terminer cette affaire (2).

Vergn. — Vente de la châtellenie de Vergn par le seigneur d'Albret, comte de Périgord, à Jean d'Abzac, seigneur de La Douze, avec la réserve de l'hommage (3).

1519. — Le comte de Périgord. — En 1519, les affaires du comte de Périgord étaient toujours très embrouillées et lui suscitaient des procès à tout bout de champ. Il en avait un avec Anne de Pons, veuve d'Odet d'Aydie, seigneur de Ribeyrac (4) ; un autre avec le seigneur de Salignac, au sujet de Montcuq (5) ; d'autres pour les seigneuries de Ribeyrac, d'Espeluches, de Lisle, de Badefol, de

---

(1) Pièce imprimée, col. L. D.
(2) Arch. de Pau, 3e i., P., l. 85, no 11.
(3) Ibid., ibid., l. 503, no 1.
(4) Ibid., ibid., l. 2, no 7.
(5) Ibid., l. 99, no 9.

Bourdeille, de Bertric, de Vergn, de Celles, d'Excideuil, d'Ans, de Nontron, de Thiviers, de Saint-Médard, de Montpaon, etc. C'est pour cela sans doute qu'il obtint des lettres de François Ier, qui portaient que toutes ces causes qui se rattachaient aux aliénations ne seraient plaidées qu'au Parlement de Bordeaux (1).

1520. — Ans et Nontron. — En 1520, Henri, roi de Navarre, comte de Périgord, fonda de procuration Pierre de Biaux, licencié ès-droits, et Jean d'Antin, chevalier, seigneur et baron d'Antin, son sénéchal de Bigorre, pour faire hommage, en son nom, à l'évêque d'Angoulême, des baronnie et seigneurie de Nontron et d'Ans, que ses prédécesseurs et lui tenaient dudit évêque (2).

Villefranche-de-Lonpchac. — Nous avons, de cette même année, une donation, par Alain d'Albret, comte de Périgord, à son fils Henri, roi de Navarre, de Puynormand et de Villefranche-de-Lonpchac, pour l'entretien de sa maison (3).

Collège de Périgord. — Un nommé Pierre Elias avait une bourse au collège de Périgord, à Toulouse. Il y renonça entre les mains du comte, patron de ce collège; on ne dit pas pourquoi.

Comte de Périgord — Nous avons des lettres de François Ier, qui déclarent qu'Henri, roi de Navarre et comte de Périgord, lui a fait hommage de son comté de Périgord (4).

1521. — Montpaon. — Depuis 1516, les habitants de Montpaon étaient en contestation avec le comte de Périgord. En 1521, l'affaire n'était pas encore terminée (5).

Comté de Périgord. — Un procès-verbal, rédigé par le juge des appels de Limoges et daté de Montignac, nous apprend qu'en avril 1521, Jean du Sermet prit possession du vicomté de Limoges et du comté de Périgord, en qualité de gouverneur, et des fonctions de juge de Montignac (6).

---

(1) Arch. de Pau, i. P., l. 86, no 16.
(2) Ibid., L. 1, no 23.
(3) Ibid., ibid., l. 90, no 12.
(4) Idem, l. 4, no 2.
(5) Idem, l. 82, no 12.
(6) Idem, no 8.

LARCHE ET TERRASSON. — ROUSSILLE ET SAINT-MAIME. — Le 30 septembre suivant : Appointement entre Alain d'Albret, agissant, comme comte de Périgord, tant en son nom qu'au nom de son fils, roi de Navarre, et Anne de Pons, veuve d'Odet d'Aidies, tant en son nom qu'au nom de ses enfants, par lequel Alain cède à ladite dame avec certaines clauses, les terres de Roussille et de St-Maime, pour mettre fin au procès qu'ils avaient au sujet des châtellenies de Larche et de Terrasson, dont le comte reprit possession peu de temps après (1).

AURIAC. — Le seigneur de Lafaye, maître d'hôtel du comte de Périgord, était en procès avec ce comte pour la terre d'Auriac, près Montignac. Le 19 décembre ils passèrent un compromis, et le 23 le comte consigna 900 livres pour le rachat de cette terre (2).

1522. — HOMMAGES. — En 1522, le comte de Périgord fonda de procuration plusieurs personnes, pour recevoir les hommages du comté (3).

1523. — NOTAIRES ET SERGENTS. — Les comtes de Périgord avaient toujours prétendu être en droit de créer des notaires et des sergents. Nous avons même une nomination de sergents, de 1389 (4), par Archambaud V, alors en guerre avec la ville de Périgueux, en révolte ouverte contre le roi de France, ce qui n'est pas de nature à justifier suffisamment cette prétention. En 1523, on voulut essayer de faire valoir cette prétention (5) ; mais les assertions émises à ce sujet ne parurent pas suffisantes à Pierre de Boucher, conseiller du roi, procureur général au Parlement de Bordeaux, commissaire député pour la *réduction, cassassion et institution de notaires et sergents dans la sénéchaussée de Périgord*. C'est pourquoi, après avoir réglé tout ce qui concernait les notaires et sergents royaux, ce commissaire termina comme il suit l'acte contenant ses décisions : « Et autant que touche certain privilége à nous baillé et exhibé, » avec certaine confirmation, par le procureur d'excellent prince le

(1) Arch. de Pau, 3e i., P. L. 82, no 29 et 86, no 2.
(2) Ibid., l. 2, no 6.
(3) Ibid., l. 490, no 87.
(4) Ibid., l. 501, nos 9 et 11.
(5) Ibid., l. 3, no 5.

» roy de Navarre, disant que, par icelle, il a droict de créer notaires » et avoir séau aux contraulx, au dit lieu de Montpaon et autres, » avons appointé et ordonné, appointons et ordonnons que en ad- » vertirons le roy et monseigneur le chancelier, pour avoir d'eulx » leurs advis et responsе, pour après y faire ainsi que nous sera » commandé et verrons estre asseurés par raison ; et cependant » procéderons au faict de nostre commission, sans préjudice toute- » fois dudict prétendu privilège, jusques à ce que autrement en » soit ordonné.... Périgueux, le 11 septembre 1523 ». A la suite de ce document, on lit : « Joint à cet acte la response à certaine cédule » appellatoire, baillée par la partie du procureur du roy de Navarre, » comte de Périgort, etc., par laquelle prétend ledict seigneur avoir » esté grévé en ce qu'il avoit été ordonné que les actes publics ne » seraient receus que par des notaires royaulx. Pierre de Boucher » avait renvoyé sa response à Montpaon ;... mais après une réflexion, » et le procureur du roy entendu, il déclare qu'il fera les nomina- » tions, sans préjudice des droicts du comte de Périgort, dont il fait » mention, en attendant la response du roy et du chancelier, etc., » le 16 septembre 1523 (1). »

L'affaire traîna jusqu'en 1528 ; mais à cette époque la question fut définitivement résolue de la manière suivante :

« Le 9 janvier 1528, en expédiant les causes de la cour présidialle » de la sénéchaussée de Périgort, Raymond de Fayard, juge-mage et » lieutenant votif civil et criminel pour le roy, en Périgort, com- » missaire député sur la reformation et institution des notaires, fit » de par le roy, inhibition et défense, à peine de cent marcs d'or » d'amende à tous sujects du roy qu'ils n'eussent à faire passer aucun » acte, pour affaire temporelle, par les notaires apostoliques, impé- » riaux et épiscopaux, déclarant que tous pareils actes seroient tenus » pour faux. Pareillement il défendit que aucuns gens d'église fus- » sent notaires royaulx ou de quelque juridiction civile. Il fit encore » défense à toute personne de prendre et porter le titre de notaire » ou sergent, dans Périgueux et dans toute l'étendue de la séncs- » chaussée, s'ils n'estoient nommés par le roy, par le chancelier ou

(1) Arch. de Pau, 3e i. P., l. 501. n° 9.

» Pierre de Boucher, conseiller au Parlement de Bordeaux, ou de » lui Raymond de Fayard » (1).

Larche et Terrasson. — On n'a pas oublié qu'en 1518, le comte de Périgord avait été condamné à restituer au comte de Penthièvre la moitié des terres et seigneuries de Larche et de Terrasson. En 1523, le comte de Périgord fonda de procuration son maitre d'hôtel pour acquérir en son nom, du seigneur de Penthièvre, cette moitié, moyennant le prix de seize mille livres (2).

1523. — Sarlat. — Nous avons de cette année une supplique au roi ainsi conçue :

« Supplient humblement les manans et les habitants de la ville » et cité de Sarlat, au duché de Guienne, comme près ung an et » demy en ca la peste soit survenue en ladicte ville et si griefve » que plus de troys mil personnes en sont trespassez ; cessant » laquelle peste, par fortune et accident, ont esté bruslez et con- » sommez deux des faulx bourg de la dicte ville, les biens y estans » consommez et perduz et le lundy après la feste de la Pentecoste » mil cinq cens xxiii, et le jour de la feste de la Trinité en suivant, » survinrent telz et si grans déluges d'eaus que la dicte ville fut » toute inondée, les portes et diverses parties des murailles » d'icelle..... renversées et semblablement bien cinq cens maisons » de ladicte ville en tout ou partie abatues et péries, les biens y » estans, perduz, gastéz et dépériz, et tellement ladicte ville et » habitans en icelle, intéressez et endommagez qu'elle ne se saurait » reparer ni reffondre pour cent mille escuz complans ; ce considéré, » sire, et à ce que ladicte ville, qui est fort ancienne, se puisse » réparer et repopuler, il vous plaise les quitter, affranchir et » exempter de vos aides et tailles.... dix ans ou tel autre temps » qu'il vous plaira » (3).

1524. — La peste. — L'année 1524 fut fatale à la ville de Périgueux. La peste s'y étant déclarée, les services publics durent se porter dans les localités circonvoisines, la cour prévôtale s'était retirée à Agonac. Elle s'y trouvait encore au mois de juillet, époque où

(1) Arch. de Pau, 3e i., P., l. 501 n° 10.
(2) Ibid., ibid., l. 1, n° 21.
(3) Arch. de Sarlat, l. 3, n° 3.

il fallut convoquer les états de la province pour régler diverses affaires fort importantes. Ces états devaient d'abord se réunir à Périgueux (1).

Impots. — Le 4 janvier 1524, François Ier accorda des lettres à Henri, roi de Navarre, comte de Périgord, etc., par lesquelles, en considération des ravages commis dans le Béarn par l'armée Espagnole, ce roi était autorisé à faire une levée de deniers, dans ses domaines d'Albret, de Périgord et de Limousin, pour subvenir au soulagement de ses sujets maltraités par les ennemis (2).

Etats de Périgord. — Convoqués le 9 juillet suivant, les états de Périgord se réunirent à Bergerac, le 2 août, et y traitèrent la question des francs-fiefs et nouveaux acquets, dont le roi François Ier exigeait le payement, dans toute la sénéchaussée, et autres affaires qui concernaient ce monarque et les trois états. On fut d'avis de lui remontrer à ce sujet que le pays était dans la plus grande misère, tant à cause des guerres passées que par le grand nombre des gens d'armes allant et venant et des garnisons, et que par conséquent il était impossible d'exiger le droit de *francs-fiefs et de nouveaux acquets* de tous ceux qui pouvaient le devoir ; mais qu'on lui offrirait, s'il voulait s'en contenter, une somme de quatre mille livres, prises sur les fonds de l'élection, en attendant que le procès intenté à la ville de Périgueux, au sujet de ce droit qu'on lui réclamait, fût complètement vidé.

On s'occupa aussi d'un troisième élu imposé au pays, lorsque jusqu'alors on n'en avait eu que deux. On chercha encore le moyen de régulariser la coutume du retrait lignager, qui variait dans différentes juridictions. On prit aussi des mesures pour que les frais occasionnés par les notaires et sergents fussent les moins onéreux possible et pour que la *valetaille* fût contenue dans de justes bornes. Mais rien ne permet de croire que l'attention des états fut portée sur l'autorisation donnée par François Ier ; et pourtant le roi de Navarre, comme comte de Périgord, assistait en personne à ces états (3).

(1) Procès-verbal des états tenus à Bergerac en 1524.
(2) Arch. de Pau, 3e inv. prép. P. et L. l. 3, n° 3.
(3) Prunis : *Observations sur les états du Périgord, etc.*, brochure in-8°, 1788, p. 15.

A propos de ces états, (j'ai une copie en forme du procès-verbal, écriture du temps), je me bornerai ici à quelques réflexions qui me permettront de revenir plus tard sur la questions des *francs-fiefs et nouveaux acquets.*

Philippe-le-Bel fut sans contredit le plus nécessiteux des rois de France. Toujours aux expédients, il fit argent de tout.

Au temps des croisades, la noblesse, passionnée pour les voyages d'outre-mer, s'était fortement endettée, et avait été, dans la suite, obligée de vendre une partie de ses domaines. Le clergé et les établissements de charité en avaient acquis une partie ; les roturiers enrichis par le commerce, avaient acquis l'autre et faisaient chaque jour de nouveaux achats.

Dans le principe, les vendeurs donnaient à ces aliénations une sanction définitive, par le seul fait qu'ils les approuvaient. Sous Philippe-le-Bel, il fut reconnu qu'au roi seul, comme suzerain, il appartenait de sanctionner ces ventes. En conséquence, il fut décidé que les biens acquis par le clergé et les établissements de charité, destinés à devenir biens de main-morte, n'entreraient définitivement dans cette catégorie qu'après avoir payé au roi le droit appelé d'*amortissement* ; et que les roturiers, qui acquerraient des biens nobles, n'en deviendraient propriétaires incontestés qu'après s'être acquittés envers la couronne des droits de *francs-fiefs et nouveaux acquets.*

Des procès engagés entre Périgueux et Sarlat, d'une part, et les agents du roi, de l'autre, nous permettront de vider définitivement, plus tard, cette grave question.

1525. — Le roi de Navarre comte de Périgord. — Malgré les déceptions sans fin et les nombreux revers éprouvés en Italie par Charles VIII et Louis XII, François Ier n'en avait pas moins persisté dans cette guerre lointaine et désastreuse, sous le prétexte de faire valoir des droits qui pouvaient sans doute se baser sur des prétentions assez justement fondées, mais que la raison, la bonne politique et les conditions sociales des populations italiennes repoussaient complètement. Dans l'armée conduite au siége de Pavie, et parmi la haute noblesse qui en faisait partie, figurait le roi de Navarre, comte de Périgord. Ce prince, dans la déroute qui suivit la bataille livrée sous cette ville (février 1525), fut fait prisonnier en même temps que le roi de France et emmené, comme lui, sous bonne escorte. Au mois d'août suivant, il obtint de ses sujets du Périgord et du Limousin un don destiné à lui aider à parfaire sa rançon (1) ; sans que rien indiquât d'ailleurs comment serait levée cette somme et à quelle époque elle devait être versée ; et, à partir de ce moment, il n'est plus question de rien jusqu'en 1530, où nous trouvons un document ainsi conçu : « Don et » octroi fait au roi de Navarre, par les gens des trois estats de » Périgord, le 25 novembre 1530, de la somme de 4,451 livres » 10 sols ; avec l'assiette de ladicte somme pour les chastellenies et » paroisses dudict pays. » Aussi suis-je porté à croire à une intime corrélation entre ces deux faits et que le don octroyé, en 1525, ne fut acquitté qu'en 1530 (2).

La Bazoche a Sarlat. — Sous le règne de Philippe-le-Bel, il s'établit à Paris une sorte de cour pour juger les différends des clercs entre eux et des clercs avec les simples particuliers. Cette cour, qui prit le nom de Bazoche, avait son roi, son chancelier, ses maitres des requêtes, son procureur général, etc., etc. Quoique les historiens ne se soient guère occupés que de la bazoche de Paris. je suis pourtant porté à croire que cette singulière institution fut imitée dans beaucoup de villes, sinon dans toutes celles où se trouvaient un siége royal de sénéchal, une officialité et un consulat. Voici le fait qui m'a inspiré cette idée :

Un nommé Pierre Paris, de Sarlat, notaire, âgé de vingt-cinq ans, obtint, en 1525, des lettres de rémission dont voici la teneur : « François, etc, pour ce que, en lad. ville et cité de Sarlat y a siége » royal de séneschal, aussi court d'official et des consuls de lad. » ville, en icelle affluent et demeurent plusieurs clercs et *bazo-* » *chiens*, tant de lad. ville que d'ailleurs, lesquels ont de coustume » chascun an, de faire ung roy de bazoche qui avec lesd. clercs et » bazociens, après lad. eslection, font, presque toutes les festes » ensuyvans, plusieurs joyeusetez, comme jouer moralitez, farces » et austres jeux et danses par la ville, et seroit avenu qu'en ceste » présente année, auroit esté esleu pour le roy de lad. bazoche

(1) Arch. de Pau, 2e inv. prép., P. et L., l. 507, n° 45.

(2) Prunis ; Observations sur les états du Périgord etc., p. 20.

» maistre Jehan de Plamon, jeune notaire, natif de lad. ville, » lequel le jour St-Pierre dernier passé, après soupper, ensemble » led. suppliant et austres dud. siége, jusques au nombre de neuf » ou dix ensuivant lad. coustume, se mirent à danser par lad. ville, » sans penser à mal, avec plusieurs autres habitants d'icelle ville, » où il y avait plusieurs femmes et filles des meilleures maisons... » Pour rompre et empescher lesquelles danses, aucun particuliers... » gens de labeur et de mestiers, par envie ou autre damné voul- » loir.... au nombre de 60 ou 80, embastonnés de barroy (lates) en » boys, allumées par l'un des boutz, en forme de flambeaux et » torches, se mirent (à) faire une danse entre eux..... ayant ung » tabourin de suisse et ung mortier d'appoticaire qu'ils sonnoient » en desrision des tabourins de lad. bazoche, faisant grand bruyct » et tumulte..... que y voyans, lesd. roy et clercs..... pour éviter » (querelle) se retirèrent de la place publique..... et allèrent en » ung petit carroil (carrefour)..... où continuèrent danser avec » lesd. femmes et filles ; estans auquel carroil, lesd. laboureurs et » autres embastonnez, vindrent..... et passant contre eux..... » secouant..... leurs flambeaulx sur eulx..... ce qui fut sup- » porté pour le premier coup, les priant..... qu'il voulissent..... » plus les sercher (chercher), ne oultrager, ne empescher leur d. » danse ; ceque iceulx laboureurs leur accordèrent et s'en retour- » nérent, mais soudain..... revinrent iceulx laboureurs..... » voulant passer par lad. carroil..... eulx mocquants et efforçans » rompre la danse..... de sorte que..... après plusieurs injures.... » s'entrebatirent..... tant de coups de poing, de pierre desd. » flambeaulx que de cousteaulx et poignards ; tant que aud. » conflit..... ung homme..... desd. laboureurs fut atteinct de » plusieurs coups..... tant que..... trois jours après serait allé » de vie à très pas. » Par suite de quoi le requérant qui se reconnaissait le plus coupable de cette mort, demandait et obtint rémission pleine et entière de ce crime involontairement commis (1).

1528. — SALLEGOURDE. — Lorsque le protonotaire de Bourdeille vendit la maison de Sallegourde et une autre maison à Périgueux,

---

(1) Arch. nat., Reg du tr., des chartes, 237, pièce 302.

il y eut une réserve d'hommage, d'où plus tard une saisie, et en 1526, des lettres confirmatives de cette saisie (1).

1527. — FOIRES ET MARCHÉ A BIRON. — Par lettres du mois de février 1527, François Ier, sur la demande de Jean de Gontault, seigneur de Biron, créa, audit lieu de Biron, deux foires et un marché devant se tenir : le marché le mardi de chaque semaine, et les foires, la première le 8 novembre, et la seconde le premier lundi de carême (2).

SARLAT. — La ville de Sarlat avait besoin d'un parquet et d'un auditoire pour sa juridiction. Elle avait fait l'acquisition d'une maison dans ce but ; mais sans doute que cette maison ne convenait pas, car, vers 1527, la chambre des comptes ordonna au sénéchal de Périgord de la vendre, au moins 400 l., pour en faire construire une autre (3).

LIMEUIL. — Pierre de Beaufort, seigneur de Limeuil, mort en 1444, ne laissa que deux filles, dont l'aînée, Anne de Beaufort, héritière de cette seigneurie, se maria avec Annet de La Tour, seigneur d'Olierges, comte de Beaufort et vicomte de Turenne. Annet eut pour successeur Antoine de La Tour, vicomte de Turenne, baron de La Tour et d'Olierges et seigneur de Limeuil. Antoine de La Tour, voulant récompenser son fils, Giles de La Tour, de sa bonne conduite et des services qu'il lui avait rendus et lui rendait chaque jour, lui fit don de la seigneurie de Limeuil (1527) (4), qu'il transmit à ses descendants.

FOIRES DE BADEFOLS-D'ANS. — Cette même année, sur la demande de Gaultier, seigneur de Badefols-d'Ans et de Perault, François Ier créa trois foires et un marché à Badefols-d'Ans. Le marché devait se tenir tous les lundis, et les foires : la première, le jour de Sainte-Anne ; la seconde, le jour de St-Martin d'hiver ; la troisième le premier vendredi de carême (5).

---

(1) Arch. de Pau, 3e inv. prép., P. et L. l. 493 no 21. Je n'ai pas retrouvé la fin de l'affaire.

(2) Arch. nat., reg. du tr. des chartes, coté 243, p. 215.

(3) Arch. nat., Tables de la chambre des comptes, t. 3, inventaire du roy. coté 2 D, p. 33.

(4) Ibid, M. 598.

(5) Arch. nat., reg. du tr. des chartes, coté 240, p. 220.

MONTCUCQ. — Antoine de Salignac, baron dudit lieu, etc., avait été gouverneur du château de Montcuq. Il s'éleva quelques difficultés entre lui et Henri de Navarre, comte de Périgord. Ce comte, le 1er juillet 1527, nomma un procureur pour le représenter devant Charles de Cosnac, conseiller au Parlement de Bordeaux, chargé d'arranger l'affaire (1).

GREFFE DE MONTIGNAC. — Cette même année, le comte de Périgord fit don à François Douhard de l'office de greffier de Montignac (2).

1528. — CHATELLENIE D'ANS. — Alain, sire d'Albret, en son vivant comte de Périgord, avait marié sa fille Louise, vicomtesse de Limoges, etc., avec Charles de Croy, prince de Chimay, etc. En 1528, il survint un arrangement entre Henri d'Albret, comte de Périgord, et le prince, au sujet de la dot de Louise ; par suite de cet arrangement, la châtellenie d'Ans, donnée à cette dame fut rendue au comte de Périgord (3), qui en fut mis en possession, le 3 décembre de la même année (4).

1529. — FOIRES A LIMEUIL. — En février 1529, François Ier, sur la demande de Gilles de La Tour, seigneur de Limeuil, accorda à cette localité trois foires par an : la première, le 21 novembre ; la deuxième, le lendemain de la Conception ; la troisième, le premier lundi de carême (5).

DAUPHIN PASTOUREAU ET SES HÉRITIERS. — J'ai déjà parlé de Dauphin Pastoureau, dont la fortune s'était accrue avec une rapidité merveilleuse. A sa mort, le comte de Périgord poursuivit les héritiers de cet ancien élu et l'affaire fut portée devant le Parlement de Toulouse, qui rendit un arrêt que je n'ai pas retrouvé (6).

NOTAIRES ET SERGENTS DU COMTE. — Par lettres du 16 avril de cette année, François Ier reconnut au comte le droit de nommer, dans ses

(1) Arch. de Pau, 2e inv. prép. P. et L., l. 83, n° 9.
(2) Ibid., 3e inv. prép. P. et L., l. 520, n° 21.
(3) Ibid., ibid., l. 1, n° 6.
(4) Ibid., ibid., n° 25.
(5) Arch. nat., reg. du tr. des chart., coté 244, p. 41.
(6) Arch. de Pau, 3e inv. prép. P. et L., l. 406.

domaines, des notaires et des sergents (1). De son côté, la municipalité de Périgueux l'autorisa à faire crier ses affermes dans la ville (2).

ETATS. — Cette même année, les états de la province furent réunis afin d'approuver et ratifier les articles, convenus entre François Ier et Charles-Quint, au sujet du rachat des enfants de France, envoyés en Espagne comme otages pour leur père. Peu de temps après, le roi ordonna de lever quatre décimes sur les gens d'église et un décime ou autre don gratuit sur les gentilshommes et autres personnes possédant fiefs et arrière-fiefs. Cet ordre fut parfaitement exécuté en ce qui concerne le clergé ; mais la noblesse ne voulut accorder qu'un don gratuit de quatre mille écus, malgré les instances du roi de Navarre. Indigné de cette conduite, le roi exigea la levée du décime demandé, avec commandement de prendre le tiers du revenu des seigneurs de Biron, de Bourdeille et de Salagnac, principaux auteurs du refus (3).

1530. — BERTRAND DE LUR LONGA. — Bertrand de Lur Longa, quatrième du nom, chevalier vicomte de Roussille, seigneur de Longa, Barrière, Viliamblard, etc., ayant fait l'acquisition de la seigneurie de Roussille, moyennant la somme de 8,500 l, Henri, roi de Navarre, comte de Périgord, lui fit don des droits des lods et ventes de cette terre, par lettres du 15 juillet 1530 (4).

SEGONZAC. — Elie Vigier, seigneur de Segonzac, ayant sollicité l'établissement de trois foires et d'un marché à Segonzac, par lettres du mois de mai 1530, François Ier voulut que ces foires se tinssent le premier jeudi de carême, le 6 mai et le 2 septembre, et que le marché eût lieu tous les lundis (5).

1531. — JEAN DE SAINT-AULAIRE. — Jean de St-Aulaire possédait des fiefs nobles dans les paroisses de Celles et Bertric. Il en fit hommage en 1531, 1541 et 1543 (6).

(1) Arch. de Pau, 3e inv. prép., l. 1, n° 22.
(2) Suppl. aux preuves pour Périgueux, p. 99.
(3) Prunis : Rec. de pièces sur les états du Périgord, p. 18.
(4) Arch. de Pau, 3e inv. prép. P. et L., l. 498, n° 24.
(5) Arch. nat., reg. du tr. des ch., coté 245, p. 206.
(6) Arch. de Pau, 3e inv. prép. P. et L., l. 509, n° 35.

MONTCLAR ET CLERMONT. — Montclar et Clermont de Beauregard appartenaient tous deux à Louis d'Estissac, seigneur dudit lieu, et avaient chacun leur justice particulière, ce qui occasionnait à Louis une double dépense et faisait traîner les procès ; par lettres du mois d'août, François Ier ordonna que ces justices seraient réunies et que le tribunal siégerait à Montclar (1).

ENTRÉE DE L'ÉVÊQUE FOUCAULT DE BONNEVAL. — Depuis le grand schisme d'Occident et même avant, les évêques ne tenaient plus en place. A peine nommés dans un diocèse, ils en voulaient un autre ou bien on se hâtait de les déplacer. L'évêque qui occupait le siége de Périgueux, en 1530, s'appelait Jean de Plas. Il fit échange de son siége avec Foucault de Bonneval, qui occupait celui de Bazas. L'entrée de Foucault occasionna des troubles dont je parlerai quand je traiterai du mouvement religieux.

1532. — FOIRES D'AGONAC. — Les habitants d'Agonac avaient demandé à François Ier l'établissement dans *leur ville* (*sic*) de deux foires et d'un marché. Par lettres du mois de février, ce monarque créa dans cette localité deux foires qui devaient se tenir, l'une le second jour de carême, l'autre le 8 novembre de chaque année, et le marché le lundi de chaque semaine (2).

MONTIGNAC. — Cette même année, la seigneurie de Montignac fut affermée pour trois ans, à partir de la St-Jean (3).

LA TAILLE. — En 1451, les gens des trois états de la Guienne conclurent un traité avec Poton de Saintrailles, bailli de Berry, Jean Bureau, conseiller du roi et trésorier de France, et Ogier de Vrequit, juge de Marsan, délégués par le comte de Dunois et de Longueville, lieutenant général du roi de France, pour la soumission du pays à l'obéissance de ce monarque. Dans ce traité, l'article 18 était ainsi conçu : « Ne seront contrains les habitans dudict pays d'ores » en avant à payer aucunes tailles, impositions, gabelles, fouages, » curtages, équivalent, ne autres subsides quelconques et ne seront » tenus de payer d'ores en avant que les droicts anciens deubs et » accoustumés en ladicte ville de Bordeaux et es pays dessus

(1) Arch. nat., reg. du tr. des ch., coté 246, p. 67.
(2) Arch. nat., reg. du tr. des ch., coté 246, p. 156.
(3) Arch. de Pau, 2e inv. prép. P. et L., l. 380, no 44.

» dicts » (1). En vertu de ce traité, à partir de cette époque, le Périgord, comme les autres parties de la Guienne, n'avaient plus été grevés de taille et autres charges jusqu'en 1532, sans qu'il s'élevât la moindre réclamation d'aucun côté. A cette époque, le Rouergue prétendit que le Périgord et autres provinces circonvoisines n'étaient pas assez imposés, eu égard à leur fertilité, et qu'il fallait leur appliquer la taille qu'on levait sur lui. Les états du Périgord ayant examiné la question, les choses restèrent comme elles étaient (2).

1533. — MONTIGNAC. — Le sire d'Albret, comte de Périgord, avait constitué sur Montignac une rente de deux cents écus d'or. En janvier 1533, il y eut une transaction au sujet de cette rente, entre le comte de Penthièvre et le roi de Navarre, comte de Périgord (3).

GRANDS JOURS A PÉRIGUEUX. — Il y eut des grands jours à Périgueux, dans le courant du mois d'octobre, où on s'occupa d'une requête du roi de Navarre, comte de Périgord, dont était appelant un nommé Jean de Lassalle (4).

MOLIÈRES. — Cette même année, François Ier confirma les priviléges de Molières (5).

1534. — CHAPELLENIES DE LA COLLÉGIALE DE SAINT-FRONT. — On n'a pas oublié qu'en 1341, le cardinal de Périgord fonda une chapelle au chevet de l'église de St-Front et, dans cette chapelle, douze chapellenies, et que ces douze chapellenies, qui ne furent définitivement installées qu'en 1347, ne se donnèrent, après la mort du cardinal, que sur la présentation du comte de Périgord. En 1534, une de ces chapellenies ayant été vacante, et le comte de Périgord n'étant plus de la famille du cardinal, on hésita à croire que ce comte dût être consulté ; mais on finit par reconnaître qu'à lui seul appartenait toujours le droit de présentation (6).

1535. — LE ROUERGUE ET LE PÉRIGORD. — La première réclamation de la part du Rouergue, à propos de la taille, regardée comme non

(1) Rec. des ord. des r. de Fr., t. XIV, p. 143.
(2) Prunis : Rec. de pièces sur les états de Périgord, p. 20.
(3) Arch. de Pau, 2e inv. prép. B. et M., l. 94, n° 10.
(4) Arch. de Pau, 2e inv. prép. P. et L., l. 306, n° 42.
(5) Arch. nat., reg. du tr. des ch. coté 246, p. 427.
(6) Arch. de Pau, 2e inv. prép. P. et L., l. 2, n° 14.

avenue, fut rejetée, comme on l'a vu, en 1532. Les Rouergois, cependant, ne s'étant point tenus pour définitivement battus, revinrent à la charge, en 1535, et intentèrent un procès au Quercy, à l'Agenais et au Périgord, au sujet de la répartition de cet impôt. Se conformant au traité de 1451, par ses lettres du 10 mai 1535, François Ier maintint les privilèges de ces trois provinces et rejeta la demande du Rouergue (1).

VILLEFRANCHE-DE-LONPCHAC ET MONTPAON. — En 1534, René, vicomte de Rohan, prince de Léon, etc., avait épousé Isabelle d'Albret, fille de feu Jean d'Albret, roi de Navarre et comte de Périgord. Par contrat de mariage, Henri, frère d'Isabelle, lui avait donné, à pacte de rachat, pour un an, les terres et seigneuries de *Montpaon*, *Puynormand*, *Villefranche-de-Lonpchac* et Gensac, estimées 4,000 l. t. de rente, ou 80,000 l. t. de capital. En 1535, un fondé de pouvoir de Réné de Rohan reconnut avoir reçu 20,000 l. t. sur les 80,000 l. t. de capital (2).

PÉRIGUEUX. — Le père Dupuy, en parlant des travaux que l'évêque Foucault de Bonneval fit exécuter pour conduire la fontaine de Jameau à Périgueux, ne raconte pas exactement ce qui se passa. Voici comment s'exprime le *Livre jaune* de cette ville : « Durant sa » vie, (il) s'estoit tous jours monstré bon amy à la ville, et (avoit) » faict plusieurs biens, et entre autres (faict) venir la fontaine de » *Cimels*, paroisse de *Calonrchès* (Coulounieix), en la Claustre, que » tout le monde estimoit estre chose impossible, et la fist passer par » la rivière de l'Isle ; mais, parce que les cors (tuyaux) estoient mal » faicts, et n'y avoit grant source dans la fontaine, se perdist et foust » avisé et regardé, par les fontainiers, que si l'on faisoit des cors de » terre bien cuitz et plumbés, l'on la feroit bien passer par le pont » de Tournepiche, et venir passer en lad. Claustre » (Folio 225).

ÉTATS DU PÉRIGORD. — Les états du Périgord avaient un dépôt consacré à la garde de certains papiers relatifs au pays. Ce qui le prouve, c'est que le 15 avril 1535, Pierre Adhémar, syndic de ces états, s'étant rendu en la chambre du conseil, déposa, entre les

(1) Arch. nat., reg. du G. conseil, années 1533, 1540, fol. 260.
(2) Arch. de Pau, 3e inv. prép. P. et L., l. 1er, pièce 12.

mains de Jean Bordes, maire de Périgueux, un coffre contenant des documents importants pour la province ; et que ce même syndic, le 20 octobre 1536, mit d'autres papiers dans ce même coffre (1).

RANCONNET. — A cette même époque, François de Ranconnet fit hommage à François Ier, pour sa terre d'Escoire (paroisses de Bassillac et de Sarliac)(2).

SAINT-FRONT. — Au nom des chanoines et du chapitre de Saint-Front de Périgueux, le syndic de cette église, cette même année, présenta requête à François Ier, dans le but d'obtenir que cette corporation et ses agents fussent mis sous la protection et sauvegarde royales et que toutes les causes pendantes au sénéchal et autres juges ordinaires de la ville, fussent évoquées au conseil et renvoyées devant une autre cour. Il demandait en outre qu'il y eut une commission nommée pour informer de tous les ennuis et de toutes les violences qu'avaient à subir ces ecclésiastiques ; ce que le grand conseil ne paraissait pas éloigné d'accorder (3).

1536. — CHABANELLE. — Il n'est pas toujours facile de trouver la vérité dans les lettres de rémission. Cependant, il semble que celles qui furent données à Guiotte Chabanelle de Chantairac, pour avoir tué involontairement Guillonnet Lacropte, co-seigneur de cette localité, furent la conséquence des violences que ce seigneur s'était permises envers cette femme qu'il maltraitait, quoique enceinte (4).

Cette même année, Foucault de Bonneval fit hommage au comte de Périgord des terres qu'il avait dans la paroisse de Badefol (5).

1537. — ROUFFIGNAC. — En 1537, François de Caumont, écuyer, seigneur de Berbiguières et de Rouffignac, obtint de François Ier la création de trois foires et un marché à Rouffignac, qui devaient se tenir tous les lundis, et les foires, la première, le vingt-cinq janvier ; la deuxième, le jour de Saint-Germain (31 juillet) ; la troisième, le jour de Saint-Nicolas (10 septembre) (6).

---

(1) Livre jaune de Périgueux, fol. 211.
(2) Arch. nat., chamb. des comptes, Languedoc, p. 761 bis.
(3) Ibid. Extraits des registres du grand conseil, 1533-1540
(4) Ibid., reg. du tr. des ch. coté 236, p. 376.
(5) Arch. de Pau, P. et L., l. 4, n° 5.
(6) Arch. nat., reg. du tr. des ch., coté 250, p. 133.

VILLEFRANCHE. — En avril 1537, sur la demande des habitants de Villefranche, François Ier créa une foire dans cette localité qui devait se tenir le jour de Saint-Roch (16 août) (1).

1538. — SARLAT ET DOME. — Par lettres du 13 février 1538, un avocat du roi fut créé au siège de Sarlat et baillage de Dome (2).

LA BACHÉLERIE. — Chapt (Jean), seigneur du Pujet et de Rastignac, avait sollicité de François Ier la création d'une foire annuelle et d'un marché, toutes les semaines, à La Bachélerie; par lettres du mois d'octobre, données à Lafère-sur-Oise, ce prince accorda que la foire se tiendrait tous les ans, le jour de la Madeleine (22 juillet), et le marché tous les lundis (3).

PUYGUILHEM ET SIGOULÈS. — Puyguilhem, localité située en pays bon et fertile, était fréquenté, au seizième siècle, par beaucoup d'étrangers et surtout par des marchands qui y faisaient beaucoup de commerce. François de Caumont, chevalier, baron de Lauzun, de Puyguilhem, etc., voulant tirer parti de cette activité commerciale, sollicita et obtint de François Ier quatre foires et un marché. Les foires devaient se tenir : la première, à Puyguilhem, le jour de la Saint-Jean (24 juin); la deuxième, également à Puyguilhem, le jour de Saint-Paul (23 janvier); la troisième, le jour de Saint-Marc (25 avril); la quatrième, au Sigoulès, le jour de Saint-Jacques et Saint-Christophe (25 juillet), et le marché à Puyguilhem, le lundi chaque semaine (4).

BEAUSSAC. — Le roi de Navarre, comte de Périgord, avait un procès pour Beaussac, juridiction de Nontron, qui fut plaidé devant le sénéchal de Périgord, en 1538 (5).

1539. — RANCONNET. — Lettres de François Ier, portant la date du 11 août 1539, nommant Aimard de Ranconnet conseiller au grand conseil de Paris (6).

BRANTOME. — Sur la demande de Pierre de Mareuil, abbé com-

(1) Arch. nat., reg. du tr. des ch., coté 254, p. 118.
(2) Ibid. Extrait des rég. du g. conseil, 1533-1540, p. 498.
(3) Ibid., reg. du tr. des ch., coté 254, p. 226.
(4) Arch. nat., reg. du tr. des ch., coté 254, p. 153.
(5) Arch. de Pau, 3e inv. pr. P. et L., l. 541, no 18.
(6) Arch. nat., extr. des reg. du g. c. 1533-1540, p. 577.

mandataire de Brantôme, François Ier institue un marché dans cette localité qui s'y tiendra tous les lundis (1).

1540. — COLLÈGE DE PÉRIGORD. — On se rappelle qu'en fondant le collége de Périgord à Toulouse, le cardinal Hélie avait mis l'établissement sous le patronage des comtes de Périgord. En vertu de ce droit de patronage, les élèves devaient résigner leur place dans les mains du comte ; c'est pour cela que Jean Gauteret, docteur en l'un et l'autre droit, se démit entre les mains d'Alain d'Albret, alors comte (2).

EXCIDEUIL. — On s'occupa cette même année de la seigneurie d'Excideuil, pleine de désordre et de trouble (3).

1541. — HOMMAGE. — J'ai déjà donné un aperçu de l'ensemble des hommages rendus au comte, dans les XIV et XVe siècles ; je crois devoir donner ici un état de ces mêmes hommages, au seizième siècle.

Du 4 au 23 du mois d'août 1541, on fit proclamer, dans la châtellenie d'Ans, à Nontron, à Périgueux, à Villefranche-de-Lonpchac, dans la châtellenie d'Auberoche et à Mareuil, que les vassaux du comte vinssent lui rendre hommage et lui payer ce qui était dû. Dans le courant du mois de septembre, trente-neuf s'acquittèrent de ce devoir. Saulvier, seigneur de Labarde, paroisse de Saint-Crépin ; Abzac, seigneur de La Douze ; Jean d'Autefort, seigneur dud. lieu ; François de Bourdeille, seigneur de Montences ; François de Bourdeille, seigneur dud. lieu ; Jean de La Cassagne, seigneur dud. lieu et de Beaupuy ; Alain de Ferrières, abbé de Saint-Amand ; Hélie des Martres, seigneur de la Roche et de La Salle, à Saint-Léon ; Pierre de Bonnal, seigneur de La Bonaldie, à Montignac ; Antoine du Chaslar, seigneur de la Titina et de partie de la maison de Lascoutz, paroisse de Brenac ; Pierre de Montardit, seigneur dud. lieu, etc. ; Aymar de Veyres, seigneur du Brueil, etc. paroisse de Brenac ; François et autre François de Bortz et Françoise Bruger, seigneurs de la Bonnaldie ; François de Fayole, seigneur de Fayole ; Hélie de Laporte, seigneur du Puy-Saint-Astier ; Jean de Gontault, seigneur de Saint-Geniès et de Badefol ; Arnaud

(1) Ibid., reg. du tr. des ch., coté 251, p. 313.
(2) Arch. de Pau, 4e inv., prep. P. et L., l. 83, nº 12.
(3) Ibid., 3e inv., prep. P. et L., l. 522, nº 20 et nº 2.

de Montardit, seigneur de La Valette, paroisse d'Auriac ; François de Tacard, seigneur de Rognac, et Chaslars, châtellenie d'Auberoche ; Jean de Calvimont, second président du Parlement de Bordeaux ; François de Caumont, seigneur de Castelnaud de Berbiguières ; François de Fanlac, seigneur de Saint-Orse ; Amanieu de La Faye. seigneur de Lafaye, paroisse d'Auriac ; Etienne de Feletz, seigneur dudit Feletz, etc. ; Bernard Foucault, seigneur de Lardimalie ; Bertrand de Lostanges, seigneur de Sainte-Alvère et de Puydarège ; Jean de Mazeau, seigneur de Clerens, paroisse de Saint-Léon ; Hélène de Belcaïre, dame de Belcaïre et de La Peyronie ; Arnaud de Royère, seigneur de Monez, etc., ville de Montignac ; Hugues de Saint-Amand, seigeur dud. lieu et partie de Montmège ; Jean de Vermont, seigneur de la Chapelle, et co-seigneur de la Vermondie ; Raimond de Vermont, frère du précédent ; Jeanne de Beaupuy, dame de la tour du Bosc ; François de Caignac, seigneur du vieux Marsac ; Raimond de Casnac, seigneur en partie de Lavermondie ; Jean de Comarque, seigneur de Bussac ; Claire de Grammont, dame de Mussidan, Hugues de Saint-Amand le jeune de Terrasson. Dans le courant du mois d'octobre, il s'en présenta cinquante-huit : Gabriel de Beynac, seigneur de Tayac ; les frères Mineurs de Montignac ; François de Rouffignac, seigneur dud. lieu, de Chavagnac et de Cosages ; Bertrand de Salignac, baron dud. lieu ; François de Souillat, seigneur de Mortinège et de Pazayac ; Jean de Vayres, seigneur de l'Espicerie et de Puymège ; Pierre Boucher, conseiller au Parlement de Bordeaux, etc ; Antoine Dubois et autre Antoine Dubois, seigneurs de la Morlatie, de la Baretie de Puycharel et de la Joubertie ; Annet de Fayolle, seigneur de Neuvic ; Amanieu de Marqueissat, seigneur de Saint-Pantaly, de Saint-Pardoux et de Brouchaud ; Marguerite de La Rogue, veuve de Jean du Sermet ; Bertrand de Lafaye, abbé commendataire de Terrasson ; Antoine d'Autefort, seigneur de Gabillou ; Jean d'Autefort, seigneur de Thenon et de Lamothe ; Jean de Losse, seigneur dud. lieu ; Raimond de Montagrier, seigneur de Chessac et de la Grandelie ; Pierre Parrin, pour lui et Françoise de Marcillac, sa femme ; Jacques de Saint-Astier, seigneur des Bories, François d'Abzac, seigneur de Mayac ; Pierre de Cydière, abbé de Tourtoyrac ; François d'Aydie, seigneur de Montcuq ;

François de Cugnac, seigneur de Cournazac; Anne de Maumont, dame de Connezac; les religieux de Vauclaire; Jean Brun, seigneur de la Vallade; François de Crevant, seigneur de la châtellenie de Jumilhac; Pierre de la Place, seigneur de Javerlhac; Antoine de la Roche-Aymard, seigneur de Premillac; Aimard Roi, seigneur de Mayac, châtellenie d'Ans; Jean de Saint-Laurent, seigneur de Lafeuillade; Mallet Saunat, seigneur de la Jorie; François Tixier, seigneur de Javerlhac; Pierre de Baunes, seigneur dud. lieu; Louis du Reth, Antoine du Reth et Sanson de Comblezac, seigneur de la maison noble de Reylie, etc.; Jean Chapt de Rastignac, seigneur de Rastignac; Alain de Lafaye, seigneur de Lespinat et de St-Privat; Jean de Lestrade, seigneur de Larousse; Bertrand de Lur, seigneur de Longa; Jean du Mayne, seigneur d'Escandillac, de La Rigale et de Lasalle; Jean de Teyssières, seigneur de Beaulieu; Poncet Beyly, seigneur de Razac et de Saint-Apre; Pierre Chauneron, seigneur de Dussac; François Forien, seigneur de Bellussières; Jean de l'Urière, seigneur de Locmarie; Mathieu de Verdelon, seigneur de Mayac; Geoffroy de la Martonie, seigneur dud. lieu; autre Geoffroy de la Martonie, seigneur de Condat; Jean de Laporte, seigneur de Champniers; Jeanne Ranaulde et son fils Jean Ricard, seigneurs de la maison de Champniers; Guillaume de Badefol, seigneur dud. lieu; Pierre du Bois et François et Mathurin ses enfants; Jean de Gontaud, seigneur et baron de Biron, etc.; Louis de Ventignac, seigneur dud. lieu; Jean de Lacropte, seigneur de Lamothe et de Portefoy; Pierre de Fayole, seigneur de la Germanie; Jean et Jacques Jaumard, seigneur de Soufferte; Pierre et François Pasquet et leurs frères Guiot et Jacques; châtellenie d'Excideuil. En novembre, deux seulement firent acte de présence: François d'Escars, seigneur de Varaignes; François d'Escars, seigneur de La Vauguion; un en décembre, Pierre Petit, prêtre. Il y eut, en outre, un certain nombre d'hommages rendus devant le sénéchal de Périgord. Il y eut, aussi des répits accordés à douze feudataires, savoir: Jean de Cugnac, seigneur de Caussade, Chabans, etc.; Jean de Mallet, seigneur de Saint-Pardoux et de Saint-Méard; François de Belcier, premier président du Parlement de Bordeaux; Nicolas Davyon, seigneur de Mareuil et de Bourzac; l'abbé de Chatres; Antoine Burey, seigneur de Puycheron, etc.; François

Conan, seigneur de Conezac; Hugues Grivan, dit Taillefer, seigneur de Mauriac; Flotard, prieur de Lafaye; Jean de Lyoncel, seigneur de Lisle; Ranconet, avocat. François d'Abzac fournit en outre un aveu et dénombrement, et il y eut des saisies dans les environs de Thiviers. Mais ce n'est pas tout : dans le cours des années 1542, 1543 et 1544, il y eut encore six hommages rendus par Nicolas de Davyon, que nous avons vu avoir obtenu un répit ; par Nicolas d'Anjou ; par le commandeur de Condat et Sergeac ; par Jeanne Flamange ; par François de Bourdeille, à la suite du répit à lui accordé, et par l'abbé de Saint-Amand, également ajourné, et enfin un délai à l'abbé de Tourtoirac (1).

Laurière. — Le 7 janvier 1544, on vendit à Jean de Meillars le village de Laurière et autres petits domaines (2).

Bars et Saint-Michel. — Le 13 du même mois on racheta les justices de Bars et de l'enclave de Saint-Michel (3).

Lods et ventes. — Par lettres du 13 février, même année, François Ier ordonna que le Parlement de Bordeaux évoquerait à lui tous les procès pour les droits de lods et ventes que le roi de Navarre aurait dans son comté de Périgord (4).

Coulaures. — Le 19 novembre, la justice haute, moyenne et basse de Coulaures, fut vendue quinze cents livres à Jean, sieur de Lestrade ; et le 24 du même mois, la justice de Cubjac, fut vendue à François de Bélair, premier président du Parlement de Bordeaux, pour le prix de douze cents livres (5).

Merrain. — Le 19 du même mois, des lettres de François Ier nous apprennent qu'il y eut des ordres donnés pour qu'on ne suscitât pas d'embarras au roi de Navarre, dans la vente du merrain et de la carassonne, qu'il avait fait faire dans son comté de Périgord (6).

---

(1) Tous ces documents forment la liasse 480 des arch. de Pau. On en trouve encore dans les liasses 31 et 500.

(2) Arch. de Pau, 4e inv., prép. P. et L., l. 56, n° 8.

(3) Ibid., ibid., l. 565, n° 4.

(4) Ibid., 3e inv., prép. P. et L., l. 525, nos 1 et 2.

(5) Ibid., l. 2, nos 13 et 16.

(6) Ibid., l. 498, n° 7.

Biron. — En août 1542, sur la demande de Jean de Gontaud, François Ier établit trois foires et un marché à Biron. Les foires devaient se tenir : la première, le 3 mai ; la seconde, le 24 août ; la troisième, le 27 novembre, et le marché, le vendredi de chaque semaine (1).

Montcuq. — Il y avait toujours des difficultés au sujet de Montcuq. En novembre de la même année, François d'Aydie, seigneur de Ribeyrac, agissant au nom de sa femme, Jeanne de Salignac, obtint du Parlement de Bordeaux un arrêt ordonnant que, dans huitaine, toutes les pièces concernant ce château, trouvées à Montignac, lui seraient remises en *vidimus* collationnés (2).

Mareuil. — Dans le cours du même mois, même année, François Ier accorda des lettres de rémission à Claude Cravanges de Mareuil, que la Dauphine, quelque temps auparavant, au moment de son entrée solennelle dans cette petite ville, avait fait sortir de la prison où il était détenu, sous le prétexte de faux témoignage (3).

Sergeac. — Par arrêt, les habitants de Sergeac furent condamnés à payer leur cote-part de la contribution imposée pour le mariage de Jeanne d'Albret, princesse de Navarre et fille du comte de Périgord (4).

Domaines du Périgord. — De 1542 à 1546, on fit un relevé des aliénations de domaines en Périgord et Limousin et de leur rachat (5).

1543. — Crognac. — Le château de Crognac, près Saint-Astier, appartenait à François de Bourdeille, seigneur de Montancès. Le 27 juin 1543, il fit échange, avec Parrot de Périgueux, de ce château et de quelques autres héritages (6).

Hommages. — La question des hommages n'était pas complètement vidée en 1543. Nous avons des lettres de Charles de Gaint, seigneur

---

(1) Arch. nat., reg. du tr. des char., coté 256, p. 271.
(2) Arch. de Pau, 3e inv., prép. P. et L., l. 506, no 46.
(3) Arch. nat., reg. his. char., coté 256, p. 365.
(4) Arch. de Pau, 3e inv., prép. P. et L., l. 308, no 5.
(5) Ibid., l. 1, no 30.
(6) Ibid., l. 514, no 1.

de Linard, de Plaigne et de Neufville, conseiller du roi et sénéchal de Périgord, portant cette date, par lesquelles il mande au premier sergent royal venu, de signifier aux vassaux du comte d'avoir à lui prêter l'hommage qu'ils lui doivent, auxquelles est jointe cette signification (1).

Nous avons encore de ce même sénéchal, du 31 mai suivant, d'autres lettres par lesquelles il déclare qu'ayant appris que, faute par les nobles de Périgord d'avoir fait hommage au comte, ce seigneur a fait saisir leurs domaines ; il conforte la main-mise, en faisant une seconde saisie au nom du roi de France (2).

Chasse. — Nous trouvons à cette époque de nombreuses condamnations prononcées par le juge de Montpaon contre les chasseurs (3).

Enquêteurs a Périgueux. — A son avènement à la couronne, François Ier avait créé un juge enquêteur au siège de Périgueux ; en 1543, il reconnut que ce n'était pas assez d'un et en créa un second (4).

Sarlat. — A cette même époque, il créa quatre conseillers au siège de Sarlat (5).

1544. — Saint-Antoine, Millac, Saint-Pierre-de-Chignac et Thonac. — En 1544, le roi de Navarre, comte de Périgord, fit déposer, entre les mains du juge-mage de la sénéchaussée de Périgord, 5,600 l., pour le rachat des paroisses de Saint-Antoine et de Millac-d'Auberoche, engagée à Jean de Calvimont, deuxième président du Parlement de Bordeaux ; celle de Saint-Pierre-de-Chignac, engagée à Foucault de Lardimalie, et celle de Thonac, engagée à Jean de Losse (6).

Faux monnayeurs. — A cette époque, la Guienne était remplie de faux monnayeurs. Pour en délivrer le pays, le roi nomma une commission chargée de poursuivre ces coupables. Cette commission

(1) Arch. de Pau, 3e inv. prép., l. 493, no 31.
(2) Ibid., l. 523, no 9.
(3) Ibid., l. 523, no 56.
(4) Arch. nat. Extraits des reg. du gr. conseil, années 1541-1545, p. 431.
(5) Arch. nat. Extraits des reg. du gr. conseil, années 1541-1545, p. 451.
(6) Arch. de Pau, P. et L., l. 2, no 4.

était composée des juges-mages de Quercy, d'Agenais, de Condomois et de Périgord, du lieutenant du sénéchal de Périgord à Sarlat, du juge de Montignac, et subit plus tard quelques modifications (1). Il reste un rôle de seize jugements rendus par elle (2).

1545. — LIMEUIL. — En 1545, il y eut, à Limeuil, une enquête ayant pour but de prouver que les seigneurs du lieu étaient en droit de lever un péage sur le blé, le vin, le sel, le poisson salé, le fer, la laine, le drap, le pastel, le liège, la mercerie et autres marchandises. Les titres relatifs à ce droit avaient été perdus ou détruits durant les guerres avec les Anglais, qui avaient toujours beaucoup tenu à la possession de cette localité, dont ils s'étaient emparés plusieurs fois, mais dont ils avaient toujours été chassés avec pertes (3).

JUMILLAC. — Pierre de Salagnac était seigneur de Jumillac en 1545 (4).

LISLE. — Il y eut, en 1546, une information contre les habitants de Lisle qui s'étaient révoltés contre les gens d'armes du grand écuyer (5).

DUSSAC. — Il y avait contestation entre le roi de Navarre, comte de Périgord, et le seigneur de Dussac, au sujet des revenus de la paroisse de ce nom ; par suite d'un accord entre les deux parties, le comte céda ce revenu, pendant deux ans, audit seigneur (6).

LARCHE ET TERRASSON. — La châtellenie de Larche et de Terrasson avait été donnée par Jean de Blois, comte de Penthièvre, vicomte de Limoges, etc., pour partie de son douaire, à Marguerite de Chauvigny, lorsqu'il l'épousa (7). Plus tard, cette châtellenie fut aliénée et la moitié se trouva appartenir aux comtes de Périgord, et l'autre moitié aux seigneurs de Salignac (8). De là un procès engagé, au commencement du quinzième siècle, et qui dura plusieurs

(1) Arch. de Pau, P. et L., l. 496, n° 39.
(2) Ibid., l. 506, n° 2.
(3) Bibl. nat., pap. Leydet, 2e reg., 2e part.
(4) Père Anselme. *Hist. généal.*, etc., t. VIII, p. 243.
(5) Arch. de Pau, P. et L., l. 520, 1er paquet, n° 7.
(6) Arch. de Pau, 2e inv., prép. P. et L., l. 87, n° 1.
(7) Ibid., l. 263, n° 78.
(8) Ibid., l. 58, nos 36, 48, 50 et 60.

années, entre le comte et le seigneur (1). Plus tard, par suite d'une alliance, au seigneur de Salignac, fut substitué Odet d'Aydie, seigneur de Ribeyrac, qui poursuivit ce procès, sans qu'il y eut possibilité d'aboutir à un arrangement, malgré les efforts de Geoffroi d'Escars de Pérusse, conseiller et chambellan du roi de Navarre, comte de Périgord, chargé spécialement de la conduite de cette affaire, dont je n'ai pas retrouvé le dénouement, et pour laquelle, du reste, je n'ai pas recueilli de dates certaines, toutes les pièces que j'ai eues sous la main ne portant pas de millésime (2).

Jayac. — Il y avait, vers ce même temps, un autre procès entre le comte de Périgord et la maison de Carbonnière, au sujet de Jayac, dont je n'ai également pas pu fixer l'époque précise, faute de dates (3).

Ans et Nontron. — Au commencement du seizième siècle, et même avant, la seigneurie de Nontron et la châtellenie d'Ans étaient tenues à foi et hommage de l'évêque d'Angoulême (4).

Ans. — La châtellenie d'Ans fut engagée plusieurs fois, et le rachat de ce domaine donna naissance à divers procès (5).

Badefol. — Le vicomte de Limoges surtout prétendait à la justice de la paroisse de Badefol (6). Dans l'intérêt de ces procès, on fit un relevé de tous ceux qui devaient foi et hommage dans la châtellenie de tous ceux qui étaient sujets aux lods et ventes et de tous ceux qui avaient colombiers.

Cubjac. — Le comte de Périgord avait vendu la justice et la juridiction de Cubjac à François Belcier, président au Parlement de Bordeaux. A l'occasion de cette vente, un procès pour un moulin s'engagea entre le comte et le président du Parlement. Je n'en ai pas trouvé la décision.

---

(1) Ibid., l. 322, n° 40 et 537, n° 2 et 3. Dans ces documents, Geoffroi d'Escars appelle toujours le seigneur de Ribeyrac *le capitaine Aydie*.

(2) Ibid., ibid,

(3) Ibid., l. 88, n° 14.

(4) Ibid., l. 85 n° 15.

(5) Ibid., l. 323, n° 71, l. 594, n° 17 ; l. 536, n° 1, et l. 403, n° 25.

(6) Ibid., l. 286, 5e paquet, n° 14, et 474, n° 30.

LIVRE VIII

CHAPITRE II

La réforme en Périgord.

La renaissance et la réforme procèdent de la même cause, tendent au même but et se prêtent un mutuel appui. Elles se sont produites simultanément, ont grandi l'une par l'autre, et passé pour ainsi dire par les mêmes épreuves. Il n'est pas jusqu'à leur nom qui ne révèle leur unité d'origine et leur entière corrélation. Qu'est-ce, en effet, que la *renaissance*, sinon, dans le domaine des lettres, le libre essor donné à l'intelligence humaine, affranchie des entraves de la vieille école mourant d'impuissance et d'inanition ; qu'est-ce que la *réforme*, sinon le libre examen proclamé dans le domaine de la *théologie* et appliqué, au nom de la raison humaine, débarrassée des étreintes d'une stérile argumentation.

Donc, s'il n'est pas douteux que ces deux grands événements des temps modernes se lient étroitement entre eux, et sont, par leur essence même, solidaires l'un de l'autre ; s'il n'est pas douteux non plus que cette union étroite et continue, que cette solidarité incessante datent de leur apparition et n'ont jamais cessé de subsister, comment se fait-il que la plupart de ceux qui se sont occupés du XVIe siècle les aient méconnues et complètement négligées ? C'est ce qu'il n'est pas facile de s'expliquer ; pourtant il est certain qu'on n'a généralement pas tenu compte de cette corrélation et qu'on ne saurait trop déplorer le peu de soin que l'on a pris de signaler ces rapports intimes et d'en tirer toutes les conséquences propres à éclairer de son véritable jour l'histoire de cette mémorable époque, si dénaturée par les passions, si mal comprise par certains esprits à courte vue, et si imparfaitement racontée jusqu'à nos jours.

Ce n'est pas qu'il entre dans ma pensée d'aborder ici un sujet aussi vaste et aussi compliqué. Indépendamment de ce que je n'hésite pas à reconnaître que la tâche serait au-dessus de mes forces, l'ensemble des études dont je m'occupe ne permet pas que je me livre à un travail aussi ardu et aussi profond. Il me paraît pourtant utile, je dois même dire nécessaire, d'entrer dans quelques détails sur la manière dont le mouvement religieux s'introduisit en France.

On a cru longtemps, et on est encore assez porté à croire que la réforme ne se produisit que tard et lentement parmi nous ; on va même jusqu'à dire que le mouvement qu'elle y opéra, quoique prenant sa source dans les idées religieuses, fut pourtant moins religieux que politique. Cette manière d'envisager la question tient, d'une part à ce que les tendances de la société et la disposition des esprits, au moment où Luther donna le signal, ne sont pas connues ou le sont mal ; de l'autre à ce qu'on applique aux masses dissidentes des premiers temps, les vagues desseins, les projets mal digérés de quelques esprits inquiets et ambitieux du milieu et de la fin des guerres de religion.

Un des écrivains qui, à ma connaissance, ont le mieux compris et le plus justement apprécié ce grand mouvement religieux, c'est M. Eugène Haug. Dans un travail inséré dans un journal quotidien de 1837 (1), après avoir résumé les faits généraux, avec une grande lucidité, et expliqué avec une érudition vraie, la longue querelle de l'*idée* et du *symbolisme*, source réelle de toutes les luttes religieuses qui remontent à l'origine du christianisme et se sont reproduites sous tant de formes différentes, il trace à grands traits un tableau de la situation, au moment où la nouvelle dissidence allait éclater, et met, par là, le lecteur parfaitement à même de se rendre un compte exact de tout ce qui prépara la rupture, de la manière dont se produisirent les nouvelles idées et de la direction qu'elles reçurent. Au moyen des détails qu'il y a groupés et qui jettent la plus vive lumière sur cette époque agitée, il demeure démontré que la propension à un changement était imminente et qu'on n'attendait partout qu'une occasion favorable pour se jeter dans la nouvelle voie qui allait inévitablement s'ouvrir.

Les indulgences de Léon X, et surtout l'obstination déplorable avec laquelle on en faisait le trafic le plus éhonté, fournirent cette occasion ; Luther se trouva là tout à point pour la saisir et en tirer tout le parti désirable. Ce fut en 1517 que ce grand homme, animé d'une sainte indignation, tonna contre l'abus odieux des indulgences, appelant de toute la force de son génie la réforme religieuse

(1) *Le Bon Sens*, nos des 8 et 9 février 1837.

fondée sur la liberté d'examen ; et telle était la disposition de l'opinion publique, en France, que, sept années s'étaient à peine écoulées depuis qu'il avait élevé la voix, que déjà le mouvement religieux était devenu général, que vers 1524, l'évêque de Meaux, débordé par la nouvelle doctrine, au moment où il y pensait le moins, se trouvait obligé, pour la contenir, de faire appel à la force légale, et que, l'année suivante, les *Luthériens*, comme on disait alors, pullulaient tellement dans Paris, qu'un *personnage important* se crut obligé de faire une démarche officielle auprès du Parlement pour que cette cour s'occupât de *remédier et pourvoir aux hérésies et blasphêmes, en faisant le procès à ceux qui se trouvaient entachés de la doctrine de Luther et autres hérésies*

Guillaume Briçonnet, fils de Guillaume Briçonnet, depuis cardinal de St-Malo. Il fut président de la chambre des comptes et évêque de Meaux en 1516. On l'accusa d'avoir attiré auprès de lui des partisans de la réforme, ce dont il fut, dit-on, obligé de se disculper devant le Parlement, comme le donne facilement à comprendre le passage qu'on va lire, à la suite de quoi il condamna les livres de Luther.

» *Extraits des registres du Parlement de Paris* (20 mars 1524). Ce jour, » messire Briçonnet (frère de Guillaume), chevalier, président des Comptes, » a dit à l'assemblée qu'il lui semble que les tribulations et calamitez qui » sont advenues en ce royaume, procèdent des péchez énormes qui se » commettent chaque jour en ced. royaume, et mesmement en ceste ville, qui » est grande et faicte de toutes nations, et qu'il y a deux principaulx péchez » qui règnent et pullulent, qui sont hérésie et blasphêmes, aux quelz il faut » remédier et pourvoir. Y a plusieurs, tant en ceste ville que ailleurs en ce » royaume qui soustiennent la doctrine de Luther, et fault éviter les » erreurs, etc. » Le reste a trait à des questions de théologie.

Le même jour, Jean de Selve, premier président, dit à la cour : « Qu'il a » été question, cette après disnée, dans le Parlement qui a esté faict en la » salle verte, de deux maulx qui pullulent, qui sont les *blasphêmes* et les » *hérésies*, à quoi il fault pourveoir. » Et après qu'il a eu récité les propos qui ont esté tenuz en lad. assemblée, et dit que l'évesque de Paris offrait bailler vicariat (mettre les coupables à la disposition de la cour), tel que lad. court verroit estre à faire, aux personnages qu'elle nommeroit, pour faire le procès de ceulx qui se trouveront estre entachez de la doctrine de Luther et d'autres hérésies ; la court a ordonné et ordonne que l'ordonnance faicte par le roi Louis XII, dernier trespassé, qui a esté lue et publiée céans, sera demain republiée en jugement, et que ledit évesque de Paris sera tenu bailler vicariat à messire Philippe Pot, conseiller du roi en lad. court et président des enquestes, à André Verjus, aussi conseiller en icelle, et maistres Guillaume Du Chesne et Nicole Leclerc, docteurs en théologie, pour faire et parfaire le procès de ceux qui se trouveront entachez de la doctrine luthérienne et autres hérésies ».

De ce qui précède, et des détails contenus dans les notes qu'on vient de lire, il résulte que les premières persécutions contre les Luthériens remonteraient au moins à 1525 ; mais des données plus précises, recueillies avec patience, et des rapprochements faits avec un soin tout spécial permettent de constater que les premières poursuites datent de 1519, les premières condamnations de 1521, et les premières exécutions de 1523 et 1524 (1). Il y eut pourtant un temps d'arrêt qui fut cause qu'elles ne commencèrent à Paris qu'en 1525, durant la captivité de François Ier.

Pendant que ce monarque était retenu à Madrid, le Parlement avait dénoncé à la régente l'indulgence dont on usait envers les luthériens de France, qu'il disait être la cause du malheur dont le pays venait d'être frappé. Afin de s'attacher cette cour dans la pénible conjoncture où elle se trouvait, Louise de Savoye ordonna le supplice de deux sectaires qui furent brûlés, l'un en place de Grève, l'autre au parvis Notre-Dame. Cependant, cette rigueur ne fut pas de durée, et, à sa rentrée en France, François Ier usa d'une large tolérance envers les religionnaires, contre lesquels on ne sévit pas pendant environ deux ans.

La guerre engagée de nouveau entre Charles-Quint et François Ier fut le premier prétexte de nouvelles poursuites. Il s'agissait de plaire au pape, qui désirait, avant tout, la destruction de l'hérésie, et dont l'alliance était indispensable au roi. D'un autre côté, la Sorbonne avait censuré divers écrits d'Erasme, et dans cette censure

---

Précieux par leur authenticité, ces documents nous apprennent donc : 1° Que le luthéranisme pullulait à Paris et dans les provinces, au plus tard depuis 1525 ; 2° que la nouvelle doctrine s'était plus particulièrement répandue dans la ville et le diocèse de Meaux ; 3° qu'elle y avait surtout pénétré par les classes élevées et intelligentes ; 4° que déjà il y avait des membres du Parlement partisans de la nouvelle doctrine ; 5° que les campagnes commençaient à l'adopter ; 6° enfin que le mouvement opéré du haut en bas, avait jeté l'alarme parmi les intérêts privés, qui voyaient déjà et voulaient surtout qu'on vît la Société en péril dans leurs priviléges compromis, dans leurs prérogatives menacées ; et pourtant il n'est pas difficile de reconnaître que toujours et partout les préoccupations générales portaient sur des questions de doctrine et de discipline religieuses, et n'avaient aucunement pour objet les questions et les théories politiques.

(1) Les premières exécutions eurent lieu à Meaux.

soutenait la justice, la nécessité, l'importance d'infliger la peine de mort aux hérétiques. En troisième lieu, des conciles provinciaux assemblés à Paris, à Lyon, à Bourges, à Rouen, à Tours, à Reims, anathématisaient tous la doctrine luthérienne ; celui de Paris voulait même que tous les souverains de l'Europe, et François Ier en particulier, poursuivissent les hérétiques comme ennemis de leurs couronnes, et recourussent aux supplices les plus terribles pour les détruire ; et enfin, loin de se montrer paisibles et de faire en sorte que le pouvoir leur épargnât ses rigueurs, les réformés provoquaient sa colère par leur fanatisme. C'est ainsi que ceux de Paris, traitant d'idolâtrie l'adoration des images et croyant faire œuvre méritoire en les détruisant, percèrent de coups de poignards une vierge, dans le carrefour de la rue des Rosiers, et soulevèrent l'indignation publique, à laquelle le roi lui-même se crut obligé d'accorder satisfaction. Traitée d'attentat contre l'ordre public, les lois et l'autorité souveraine, cette profanation devait subir un châtiment proportionné à l'étendue du crime. On commença donc par faire une procession expiatoire, on ordonna ensuite la recherche et la punition des coupables, et comme on ne put pas les découvrir, le roi s'en prit aux dissidents avec une sévérité déplorable et, par leur supplice, donna tout à la fois satisfaction au pape, au clergé, au peuple et à ses propres ressentiments. C'est probablement à cette époque qu'il faut placer des lettres de François Ier dont voici la teneur :

« François etc.... à nos amez et féaulx conseillers, les gens » tenans noz cours de parlement de Paris, Tholoze, Bourdeaulx, » Dijon, Rouen, Grenoble, Aix, noz payz et duchié de Bretagne, » Prévost de Paris, bailliz, séneschaulx, alloués, lieuxtenans, juges » et à tous noz autres justiciers et officiers en nozd. royaume, pays » et seigneuries, salut et dilection ; comme nous avons esté advertiz » qu'il y a plusieurs personnages, en nostre royaume, suivant » l'hérésie et secte luthérienne, à nostre très grant regret et des- » plaisir, et plus pourroit pulluler et augmenter, si à heure n'y » estoit pourveu et remedié ; à ceste cause, pour y pourveoir, nous » avons bien volu que nostre très cher, feal et grant amy le » cardinal de Sens, légat en France et nostre chancelier ayt délégué, » partout nostred. royaume, juges pour enquérir contre ceulx qui » sont de la qualité dessusdicte, et aussi pour ouyr et recepoir, en

» ceste affaire, tous accusateurs et dénonciateurs, et à ces fins a fait » expédier lettres de subdélégation adressantes à tous les vicaires et » officiaulx des diocèses et provinces de nostre royaume, pour » procéder à l'encontre desd. lutheriens, avec les inquisiteurs de » la foy, où il s'en trouvera, chacun en leur pouvoir, ressort et » juridiction et signaument et diocèses du ressort de nostre cour » de parlement de Paris, avec quatre savants personnages noz » conseillers en nostred. court de parlement de Paris et en nostre » grant conseil.

» Et d'aultant que lesd. juges déléguéz pourroient, pour deuement exercer leur charge, avoir affaire du bras seculier, nous, » pour ces causes, désirans lad. secte lutherienne estre extirpée de » nostred. royaume, et ceulx qui en seront trouvez chargez, estre » puniz, vous mandons et commettons, par ces présentes, et a un » chacun de vous, en son pouvoir, destroict et jurisdiction, que » vous tenez la main et donnez conseil, confort, aide et prisons, si » mestier est, esd. juges, déléguéz, et faictes et constituez prisonniers ceulx qui, par eulx vous seront requis, car de ce faire nous » avons donné pouvoir et mandement spécial, par lesd. présentes, » à l'exécution desquelles nous voulons par vous estre procédé, » non obstant oppositions ou appelations quelconques (1) ». Donné à Paris, sans date.

L'opinion que j'ai émis en commençant, sur cette date, me paraît d'autant plus certaine que de nombreux détails se rapportent parfaitement aux ordres de François Ier donnés dans ces lettres.

Les rigueurs continuèrent ainsi, jusqu'en 1533, époque où l'on s'aperçut qu'elles étaient loin d'avoir produit tout l'effet qu'on en avait attendu. Fort irrité d'une résistance qu'il n'avait pas prévue, le roi, donnant carrière à son indignation, écrivit à l'évêque de Paris la lettre close que voici :

» A nostre amé et feal conseiller, evêque de Paris, ou, en son » absence, à ses vicaires. — De par le roi — Notre ami et féal, nous » avons entendu que le crime de hérésie pullule et croist, en nostre » bonne ville de Paris, de sorte qu'il est besoing y pourvoir de

(1) Bulletin de la Société de l'Histoire du protestantisme Français, 1re année (1852), p. 228.

» prompt remède pour éviter au grant inconvénient qui en pourrait » advenir : A ceste cause, nous voulons et vous prions très (sic) ? » .... en vous mandant très expressement, si mestier est que vous » commetez de nos conseillers de nostre court de Parlement, tels « que ladicte court vous nommera, pour faire et parfaire le procès » des hérétiques et ce sans préjudice de vostre juridiction en » austres choses ; et n'y faites faulte, sur tant que désirez nous » obéyr. Donné à Lyon, le 10 novembre 1533 » (1).

Telle était la situation en 1533, et telles furent les conséquences des rigueurs exercées contre les partisans de la nouvelle doctrine, que les religionnaires, irrités et à bout de patience, s'exaltèrent et, au lieu de rester calmes, se jetèrent dans les excès d'un fanatisme extravagant, et se livrèrent aux plus graves désordres. C'est ainsi qu'aux poursuites qu'on exerçait contre eux, ils répondirent par des placards contre la messe et l'eucharistie, rédigés de la manière la plus violente, affichés à Paris, à Blois et jusqu'à la porte de la chambre du roi ; bravade qui mit François Ier hors de lui, le porta à faire arrêter un grand nombre de dissidents, à faire une nouvelle procession expiatoire, à assister au supplice de six d'entre eux, exécutés sur les principales places de Paris, sans mettre un terme à son ressentiment, surexcité par ceux qui l'approchaient de plus près ; ce qui le prouve, c'est qu'à la suite de ces exécutions il rendit un édit pour l'entière extermination des luthériens et autres hérétiques, prononça la peine de mort contre ceux qui les recèleraient, et offrit aux dénonciateurs le quart des biens confisqués. Il y eut cependant quelques intermittences, et on put croire un moment que les persécutions touchaient à leur fin ; mais on ne cessa de poursuivre les luthériens que pour exercer les plus affreux mauvais traitements contre les Vaudois, et le règne de François Ier se termina au milieu des persécutions, sans arrêter les progrès de la réforme. Au moment où François descendit dans la tombe, les nouvelles croyances avaient pénétré dans la Champagne, l'Ile de France, la Normandie, le Perche, l'Orléanais, le Nivernais, la Bourgogne, le Berry, l'Anjou, le Poitou, l'Auvergne, le Rouergue, l'Agenais, le Languedoc, le Vivarais, le Lyonnais et la Provence. Je ne pous-

(1) Bulletin de la Société du protestantisme en France, 1re année, p. 427.

serai pas plus loin ces aperçus généraux. Je m'en tiendrai désormais à grouper avec soin les luttes religieuses en Périgord.

Comme on vient de le voir, le Périgord ne fut pas une des premières provinces qui reçurent les nouvelles doctrines........

APPENDICE

Note sur le château de Beynac.

Une question de droit féodal se rattache à l'histoire du château et de la seigneurie de Beynac ; selon une tradition apocryphe, mais à laquelle on ajouta longtemps une ferme croyance, le château et la seigneurie de Beynac se trouvaient compris dans le territoire donné par Charlemagne et le pape Léon III à l'abbaye de Sarlat. Cette assertion, que nous trouvons largement délayée dans un procès de 1503 et 1504, est en quelque façon justifiée par une pièce de 1238 qui ne s'explique cependant pas d'une manière assez catégorique pour qu'on puisse en induire qu'en réalité ce château et cette châtellenie relevaient de l'abbé et du couvent de Sarlat. Voici les faits tels qu'ils se déduisent des données qui nous ont été conservées. L'acte de 1238 se résume ainsi :

« L'abbé et le couvent de Sarlat, volontairement et bien convain- » cus d'être utiles à leur monastère, après en avoir délibéré, don- » nèrent et concédèrent en fief, à Raimond, comte de Toulouse, » marquis de Provence, et à ses héritiers : *tout l'hommage, tout le* » *domaine et tout le droit* qu'ils avaient et devaient avoir dans le » *château* et *la ville* de Beynac, et *l'hommage et le droit* que le » seigneur de Beynac, pour ledit château et ladite ville, devaient » leur faire ». L'acte ajoute qu'à partir de ce moment les seigneurs de Beynac seront dispensés de leur faire hommage et que l'hommage devra être fait par les comtes de Toulouse. Il semble, en présence de ce document, qu'en réalité les seigneurs de Beynac relevaient directement de l'abbé et du couvent de Sarlat, que ce ne fut que par la cession à lui faite que le comte de Toulouse devint suzerain de Beynac. Mais voici un acte qui modifie singulièrement cette appréciation. Deux ans plus tard (1240), Mainard de Beynac, frère de Gaillard qui, en 1238, fit tout simplement hommage à la suite de la cession au comte de Toulouse, fit hommage à son tour, à ce même comte, de la moitié du château et de la seigneurie de Beynac, en ces termes : « Je reçois en fief de vous, seigneur Rai- » mond, comte de Toulouse, marquis de Provence, la moitié de la » ville et du château de Beynac avec tous ses droits et appartenances,

» telle qu'elle m'est échue, dans le partage avec mon frère. Je reçois » également en fief de vous toute mon autre terre et tout mon » autre héritage quels qu'ils soient et où qu'ils soient placés, que » je reconnais ne tenir que de vous seul. » (Arch. de l'empire, J. 309 n° 16).

J'ai déjà expliqué ce que signifiait le mot château, et en se reportant à cette explication le sens que je lui ai assigné se retrouve ici dans toute sa force. Il parait alors évident que la moitié du château échue à Mainard devait être la moitié de ce que nous appelons aujourd'hui le *bourg* de Beynac. D'où il devrait résulter que l'*hommage*, le *domaine* et *le droit*, que le couvent et l'abbé de Sarlat avaient dans le château et la ville de Beynac, était un hommage et un droit qui s'appliquaient à des immeubles situés dans l'espace de terrain occupé par l'agglomération d'habitations qui portait le nom de château et dans l'espace de terrain qui avait reçu le nom de ville, en dehors du château, comme cela se pratiquait dans les cas analogues (1). Mais le procès de 1503-1504 ne permet pas d'entendre ainsi les choses.

Selon ce procès, l'abbaye de Sarlat et surtout son église, fondée par Clovis, restaurée par Pépin et plus tard par Charlemagne, qui se rendit sur les lieux accompagné du pape Léon III, aurait été largement dotée par cet empereur et ce pape, et parmi les *hommages domaines et droits* qu'elle aurait reçus en don figureraient la *seigneurie* et le *château de Beynac*, et c'eût été en vertu de ce don que l'évêque de Sarlat aurait réclamé l'hommage et le serment de fidélité des seigneurs de Beynac.

On a vu la foi qu'on doit attacher aux traditions historiques de Sarlat, je n'ai donc pas besoin de revenir là-dessus. On vient de voir aussi que l'abbé de Sarlat, en 1238, avait cédé ses droits au comte de Toulouse, et quoique dans le procès, il ne soit pas question de cette cession, il faut croire qu'elle fût la conséquence de quelque difficulté qu'on ne nous a pas fait connaitre ; mais que plus tard cette difficulté n'ayant pas paru sérieuse, l'acte de cession fut considéré comme non avenu. Je vais donc essayer de résoudre la question, sans avoir recours à cet acte.

---

(1) Il reste encore des traces vivaces de cet usage à Limeuil, où les habitants appellent *ville* la rue qui monte de la Dordogne au château.

Dans le procès il est dit qu'en même temps que l'empereur et le pape donnaient Beynac et sa seigneurie à l'abbaye de Sarlat, ils lui attribuaient aussi *Issigeac* et autres lieux. Dans une bulle de 1153, le pape Eugène III, après avoir pris sous sa protection l'abbaye de Sarlat, énumère les privilèges et les paroisses qui en dépendaient et ne parle pas de *Beynac*. Nous avons vu Mercader agir en maître, comme seigneur de Beynac, sans réclamation de la part de l'abbé de Sarlat. Avant lui, à la fondation de Cadouin, les seigneurs de Beynac font des dons au profit de cette même abbaye, et l'abbé de Sarlat ne s'en occupe pas. Durant le siége et après la prise du château, par Simon de Montfort, l'abbé de Sarlat ne fit aucune réclamation, et pourtant dans toutes ces graves circonstances, il eut été tout naturel, si les droits de l'abbé étaient aussi positifs que veut le donner à penser le procès, qu'il intervînt plus ou moins directement, plus ou moins activement pour protéger les habitants du château et leurs intérêts matériels.

Je dois dire cependant, pour être juste, que, de 1260 à 1266, et pendant qu'Alphonse, frère de saint Louis, occupait le comté de Toulouse, l'abbé de Sarlat réclama. Voici la traduction de ce qu'on lit dans un registre du temps (arch. nat., J. 190, n° 61, fol. 60) : « Au » sujet de la demande de l'abbé de Sarlat, relative à l'hommage qu'il » réclame du seigneur comte, le conseil est d'avis qu'on demande » à l'abbé de s'abstenir de recevoir cet hommage, pour le *château* » *de Beynac*, dans la personne dudit seigneur comte, tout le temps » que ledit seigneur comte vivra et, si l'abbé veut bien faire cette » gracieuse concession, que le seigneur comte lui octroie des lettres » patentes portant que, pour cela, il ne sera causé aucun préjudice » pour l'avenir, ni à l'abbé, ni à ses successeurs, ni au monastère. » Cette combinaison convient au seigneur comte ; mais il veut qu'on » s'assure si le *chevalier* lui a fait hommage ». Il est évident que ce *chevalier* ne devait être autre que le seigneur de Beynac.

Nous n'avons pas de détails sur ce qui se passa à la suite de cette détermination du conseil du prince ; et il ne reste aucune trace d'hommage rendu ni avant ni après, d'où il est permis de conclure que les abbés et le couvent, et plus tard les évêques de Sarlat, n'étaient pas tellement sûrs de leurs prétentions qu'ils se crussent obligés d'en poursuivre la revendication jusqu'à entière satisfaction.

Ils faisaient des réclamations de temps en temps, pour ne pas laisser périmer ce qu'il pouvait y avoir de plus ou moins juste dans leur réclamation; on leur répondait d'une manière plus ou moins dilatoire, et après ils attendaient une autre occasion de réclamer encore. Dans tout cela, ce que je vois de plus clair, c'est que, pour un motif ou pour un autre, l'abbé et le couvent de Sarlat, dans le principe, se trouvèrent en possession de quelque droit sur Beynac, qu'à l'époque où l'hommage et le serment de fidélité devinrent d'obligation générale, ils prétendirent à cet hommage et à ce serment, sous le prétexte de la donation apocryphe qui commençait à prendre consistance ; qu'on éluda toujours de satisfaire à leur demande, que peut-être, pour mieux se débarrasser d'eux, après leur rentrée en possession à la suite de la mort ou l'expulsion de Mercader, ils donnèrent dans l'hérésie, persuadés qu'ils seraient mieux protégés par les comtes de Toulouse ; que la prise de Beynac par Simon de Montfort, les plaça tout de bon, pour un moment, sous l'autorité du couvent et de l'abbé ; mais que les succès du comte de Toulouse sur les croisés lui ayant rendu tout le pouvoir et toute l'influence que ses prédécesseurs avaient avant la croisade, l'abbé et le couvent de Sarlat crurent prudent de lui faire cession de leurs droits en se réservant son hommage ; que cette nouvelle situation trouva une chance de durée dans l'occupation du comté par Alphonse, frère de saint Louis ; mais que la détermination du conseil de ce prince brisa cette dernière chance qu'on essaya de raviver de temps en temps sans aucun succès ; et qu'à la fin tout se réduisit à la nomination du curé de Beynac par l'évêque ; nomination qu'il conserva jusqu'à la révolution de 1789.

Je terminerai cet aperçu en faisant observer que, si le lecteur éprouvait quelque doute au sujet du droit du comte de Toulouse sur les bords de la Dordogne, par les détails que je viens de donner sur Beynac, ils doivent se dissiper en lisant le renseignement suivant :

Les enfants de feu Guillaume de Gourdon demandaient (1260-1266) que le comte de Toulouse leur rendit les droits d'albergue, de vinage et de bladage sur quatre paroisses situées dans la juridiction de Dome (Vieille). Le conseil du comte décida qu'on s'assurerait d'abord si ces droits n'appartenaient pas au comte, ajoutant que si le comte n'avait rien à prétendre sur ces droits, ils seraient rendus aux enfants de feu Guillaume de Gourdon. Le comte approuva cette décision (Arch. nat., J. 190, n° 61, fol. 71). Il est évident que le conseil du comte n'aurait pas eu à s'occuper de cette question si l'autorité du comte ne se fût pas étendue sur cette partie du Périgord.

Le Puy-Saint-Front et la Cité.

Aussi loin que nous pouvons remonter dans l'histoire de Périgueux, nous voyons la ville nouvelle, appelée *le Puy-Saint-Front*, en rivalité avec la ville ancienne, connue sous le nom de *la Cité*. J'ai raconté, avec tous les détails qui nous restent, les diverses luttes et les divers rapprochements de ces deux centres de population, jusqu'au traité de 1240 ; mais je n'ai fait qu'indiquer l'alliance formée à cette époque ; et c'est pourtant à partir de cette alliance que la querelle, loin de s'amortir, prit des proportions d'autant plus grandes que la Cité fut presque toujours soutenue par les comtes, dont le but était l'asservissement du Puy-St-Front, et à qui rien ne coûtait pour mener à bonne fin leur entreprise. Il importe donc de reprendre les événements à partir de cette alliance, en commençant par un résumé du traité.

Le premier article porte que les deux groupes réunis formeront un seul corps de ville qui s'appellera *université* et sera gouverné, selon les anciennes coutumes du Puy-St-Front, par un maire et des consuls ou seulement des consuls, à qui tous les habitants prêteront serment dès qu'ils auront atteint l'âge de quinze ans.

2° Chaque ville aura sa clôture distincte et ces deux clôtures seront reliées par une enceinte contigue, depuis la Cité jusqu'au Puy-St-Front ; ceux qui habiteront dans cette enceinte seront membres de l'université.

3° La Cité est libre et n'est assujettie à la juridiction de personne ; elle exerce la justice dans les cas de vol, d'homicide, de coups, de fausses mesures, et autres délits, dommages et dettes ; par suite du traité, il est convenu que le consulat aura pleine juridiction pour connaître de toutes les affaires de la Cité et de la nouvelle clôture et pour infliger des punitions en raison des crimes et délits.

4° Ni dans la Cité ni dans la nouvelle clôture les clercs ni les laïques ne recevront d'hommages de personne que de ceux de leurs familles, conformément à l'usage établi au Puy-St-Front.

5° Nul clerc ni laïque de l'université ne pourra traduire ni faire traduire quelqu'un de ladite université devant un juge ecclésiastique ou laïque hors de la Cité, du Puy-St-Front ou de la clôture, pourvu toutefois que celui qui sera cité soit tant disposé à ester en justice devant les juges de l'université.

6° Si quelque habitant de la Cité possède une maison, ou tout autre édifice qui paraisse dangereux pour la sécurité publique, il s'entendra avec le consulat afin d'éviter tout danger ; et s'il ne voulait pas ou ne pouvait pas prendre les mesures exigées, le consulat s'emparerait du bâtiment, l'entretiendrait aux frais du propriétaire, ou si celui-ci ne voulait pas payer ces frais, le bâtiment serait abattu jusqu'au niveau du mur d'enceinte et ouvert du côté de la Cité.

7° Le marché se tiendra au Puy-Saint-Front, dans le lieu accoutumé.

8° Il y aura un beffroi à la Cité, et un autre au Puy-Saint-Front. Lorsque l'un de ces beffrois sonnera la nuit, l'autre répondra, et les portes se fermeront.

9° Si la Cité veut se clore depuis la porte de la *Boucherie* jusqu'à la porte de la *Boarele*, elle le pourra, mais à ses frais, et avec de bons murs ; et si, plus tard, il y a des réparations à faire, elles seront payées en commun, à la ville comme à la Cité.

10° Les crieurs publics fonctionneront sur le même pied au Puy-Saint-Front, à la Cité, et dans la nouvelle clôture.

11° Le sceau qui jusqu'alors avait servi au Puy-Saint-Front servira à l'université.

12° Il y aura un poids public pour le bled et la farine, à l'entrée de la Cité comme à l'entrée du Puy-Saint-Front. La mouture, dans les moulins, sera partout du seizième.

13° Les poids et les mesures seront les mêmes partout, et leurs produits employés pour les besoins de l'université.

14° L'armée commune sera sous les ordres du consulat.

15° La maison du consulat sera au Puy-Saint-Front et dépendra de la municipalité.

16° Les membres de l'université auront le droit de se déplacer et de s'établir sur le point des enceintes qui leur conviendra le mieux.

17° Les vingt livres dues au comte seront payées en commun, sans que ce seigneur puisse acquérir encore juridiction ni sur la Cité, ni sur la nouvelle clôture.

18° L'université contribuera à toutes les dépenses ; mais les impôts établis sur les clercs de la Cité ne seront que la moitié de ce que payeront les laïques, ce qui n'empêchera pas les conseils de veiller avec le même soin à la conservation des clercs et des laïques, de leurs hommes et de leurs droits.

19° Si on fait des fossés ou des clôtures pour la nouvelle enceinte, le terrain pris pour cela sera payé au dire des consuls.

20° Toutes les fois que le consulat le jugera nécessaire, il pourra occuper les forts de la Cité, de la nouvelle enceinte et du Puy-St-Front, et personne n'aura le droit d'y introduire des gens qui puissent porter préjudice à l'université.

20° Si quelqu'un le demande, il sera reçu dans le corps de l'université, malgré certaines oppositions, pourvu qu'il se conforme aux usages établis.

21° S'il survient quelque nouveau cas, c'est au consulat à s'en occuper et à le régler, et ce qu'il aura fait, l'université l'observera strictement.

Tel fut ce traité qui, évidemment, plaçait la Cité dans une certaine infériorité par rapport au Puy-St-Front, sans que personne s'en plaignit, car les principaux habitants de cette vieille ville jurèrent solennellement de l'observer avec ceux du Puy-St-Front. L'entente cependant ne dura pas longtemps, et, quoique les rares documents qui nous sont parvenus ne soient pas aussi explicites qu'on pourrait le désirer, on a vu que le comte de Périgord eut bientôt semé le trouble et la défiance partout, si bien que, grâce à lui, quelques années plus tard, une guerre sanglante et acharnée s'alluma entre les deux centres de population. Nous trouvons cependant que la rupture n'était pas complète au commencement de 1244, puisque les lettres que le consulat écrivit au roi, dans le courant du mois de février, au sujet du droit du commun de la paix, étaient rédigées au nom du Puy-St-Front et de la Cité ; mais la lutte ne tarda pas à commencer et persistait toujours violente, en 1245, et même au commencement de 1246. Nous voyons, en effet, à cette époque, le consulat du Puy-St-Front, dans le but évident de gagner les bonnes grâces de saint Louis, lui adresser des lettres contenant des détails sur l'hommage que la municipalité était dans l'usage de prêter à l'avénement du roi à la couronne, lui faire le don gracieux de 12 deniers par feu, sous le nom de *droit du commun*, et lui adresser la prière de protéger les droits de la ville, ses priviléges, les habitants et le consulat.

C'est à la suite de ces lettres que Pons de Ville, sénéchal de Périgord, se rendit au Puy-St-Front pour essayer d'arrêter l'effusion du sang, non sans courir danger de la vie devant la Cité, et qu'il finit par conclure une trève, au grand déplaisir du comte, qui trouva le moyen de la rompre avant son expiration, mais qui bientôt, effrayé de ce qu'il avait fait, se soumit au roi, arrêta de la sorte les hostilités et consentit à ce que Louis IX chargeât des commissaires de régler les conditions de la paix. Elle fut conclue en 1247, quoique les conventions qui devaient définitivement présider aux rapports des deux centres de population ne portent que la date de 1250.

Le traité de 1240 fut renouvelé en 1269 ; mais de nouvelles difficultés étant survenues entre les deux villes rivales, ce même traité fut de nouveau confirmé, dons toutes ses parties, par le sénéchal de Périgord et approuvé par le roi, en 1283. Il fut également confirmé en 1284, en 1286 et en 1293. La situation était donc bien nette encore en 1293.

On fait marier en 1296, Marguerite, sœur de Philippe-le-Bel, avec Edouard Ier, roi d'Angleterre, tandis que ce mariage ne se fit qu'en 1299. On prétend aussi qu'il restitua la Guienne à Edouard par Philippe-le-Bel à la suite de ce mariage, tandis que cette restitution n'eut lieu qu'en 1303. Cette double erreur a servi de point de départ à un long imbroglio sur Périgueux, ville et Cité, qui n'aurait pas duré guère moins de 70 ou 72 ans. En effet, au dire de certains savants, à la suite du mariage de Marguerite et de la restitution de la Guienne, les Anglais n'eurent rien de plus pressé que d'aller intriguer à Périgueux, où ils finirent par brouiller les deux centres de population qui constituaient la ville municipale, et les divisèrent si bien que chacun d'eux se donna un maire et que les choses se maintinrent dans cet état jusqu'en 1368.

Comme on vient de le voir, rien de plus impossible que ce point de départ ; mais faut-il en conclure qu'il n'y eut pas de rupture entre la ville et la Cité durant tout cet espace de temps ? C'est ce que nous allons examiner, autant du moins que les documents qui nous restent peuvent le permettre.

L'arrêt du Parlement de 1309, résumé en son lieu et place, dit que la conjuration durait depuis six ou neuf ans ; or, comme il n'y eut pas de maire ni en 1302, ni en 1303, ni en 1304, et que nous voyons Guillaume Chatuel, l'un des condamnés (1), consul en 1302, gouverneur en 1303 et 1304, et maire en 1305 (2), nous devons en conclure que la conjuration remontait au commencement du siècle. D'un autre côté, la plainte ayant été portée au Parlement, à la fois par des habitants du Puy-St-Front et des habitants de la Cité, il n'est pas permis de mettre en doute que l'entente n'avait pas cessé de régner entre les deux centres de population, jusqu'en 1309 (3). De 1309 à 1317, date des lettres de rémission accordées aux conjurés, la ville municipale se trouvait sous le coup de l'arrêt de 1309, qui porte : « Les *citoyens et les autres habitants* de la ville, d'un » commun accord, choisiront, chaque année, selon l'ancienne cou- » tume, un maire et des consuls, ou seulement des consuls, à leur » volonté, qu'ils présenteront à notre sénéchal ; et ce maire et ces » consuls administreront la mairie et le consulat, comme on le fai- » sait autrefois » (4). Il ne pouvait donc pas y avoir deux maires durant cet espace de huit ans. Le maire de 1318 s'appelait Arnaud des Vierges, et il était bien seul, puisqu'un compte de cette année parle de patrouilles faites à la Cité par ordre de la municipalité, et que des lettres de Philippe-le-Long, de la même époque, mentionnent des réclamations à lui adressées, en commun, par les habitants de la ville et de la Cité (5).

---

(1) Olim., t. III, 1re part., p. 370.

(2) Suppl. au rec. de tit., etc., p. 33 et 38, rec. de tit., etc., p. 113 et 123.

(3) Olim., t. III, 1re part., p. 366.

(4) Ibid., p. 370.

(5) Rec. de tit., déjà cités, p. 177 et 180, et supp., p. 43.

Quinze ou dix-huit mois après les lettres de rémission de 1317, il s'éleva une contestation des plus graves, non pas entre la ville et la Cité, comme on pourrait le croire, mais entre les maire et consuls, d'une part, la ville et la Cité de l'autre. A travers les données qui nous restent, il semble que le maire et les consuls étaient accusés d'avoir malversé et éludé l'arrêt de 1309 et ses conséquences. Une plainte fut portée au roi, avec une copie de l'arrêt. Sur cette plainte, le roi ordonna une saisie du consulat et de ses revenus, et voulut en même temps savoir à quel titre le maire et les consuls exerçaient leurs fonctions. C'est par suite de cette saisie que fût rédigé le compte dont je viens de parler. D'un autre côté, pour se conformer aux ordres du roi, les commissaires envoyés sur les lieux firent convoquer, à son de trompe, les habitants de la ville et de la Cité, en 1319, au nombre de quatre mille environ, qui se mirent d'accord pour donner à ces commissaires plein pouvoir d'arranger tous les différends (1), car il y en avait de plusieurs sortes à régler.

Il n'y eut donc pas de scission entre les deux centres de population, et comme il n'est question dans cette convention que de consuls pour ces deux centres, qu'on désigne sous le nom de communauté ou université (2), il faut en conclure qu'il n'y eut, cette année, que des consuls. Je n'ai rien trouvé pour 1320 ; mais le fait constant que Léger Barrière fût seul maire en 1321 démontre qu'il dut également n'y en avoir qu'un en 1320. Nous avons des lettres de Charles-le-Bel, qui nous apprennent que le maire et les consuls de 1322 étaient maire et consuls de la ville et de la Cité (3). Un acte de 1323, des lettres de 1324 établissent péremptoirement qu'il n'y avait alors qu'un seul maire pour la ville et la Cité (4). Nous manquons de détails sur 1325 ; mais divers actes de 1326 prouvent assez que rien ne doit être changé en 1325. La seule différence c'est qu'en 1326 il n'y avait, paraît-il, que des consuls. Quoique nous n'ayons pas de données précises ni sur 1327, ni sur

(1) Rec. de tit., etc., p. 187.

(2) Ibid.

(3) Arch. de Pau, 3e inv. prép. P. et L., l. 474, no 12.

(4) Rec. de tr. etc, p. 86.

1328, et que les lettres de 1329 ne soient pas aussi explicites que celles qui précèdent 1327, l'année 1330 nous fournit des détails si catégoriques et si nettement formulés qu'il est impossible de ne pas reconnaître que l'union n'avait pas cessé d'exister entre les deux centres de population (1). Le silence qui régna sur 1331 ne peut être interprété qu'en faveur de la continuation du bon accord entre la ville et la Cité, puisque cet accord se maintint en 1332 et en 1333 (2). Un nuage s'éleva en 1334, au sujet du droit qu'avaient le maire et les consuls d'établir des impôts, pour l'utilité commune ; mais des lettres de Philippe de Valois le dissipèrent, sans qu'il en restât trace (3). Nous avons les noms des consuls pour 1335 ; mais quand ces noms ne nous resteraient pas, la main-levée de la saisie des revenus de la municipalité, donnée en 1336, prouverait suffisamment que l'entente n'avait pas cessé, en 1335. Il nous reste d'ailleurs des lettres de Philippe de Valois de cette même année, relatives aux sergents royaux et aux affaires judiciaires de la ville et de la Cité, et le serment prêté par les consuls de la ville et de la Cité, à la même époque, entre les mains de ceux de 1335 dont je viens de parler (4), qui ne permettraient pas la moindre hésitation à cet égard. Je n'ai pas retrouvé de documents relatifs aux années 1336, 1338 et 1339 ; mais des lettres de 1340, par lesquelles Philippe de Valois absout l'*université*, c'est-à-dire la *ville* et la *Cité*, des peines encourues pour des violences commises contre les gens du comte de Périgord (5), autorisent à penser que l'accord régnait toujours dans la confédération municipale ; et des privilèges, concédés en 1341, par Jean, évêque de Beauvais, lieutenant du roi en Languedoc et Saintonge à cette même université, confirmés la même année, par Philippe de Valois, démontrent que l'union n'avait rien perdu de sa solidité à cette époque (6).

En 1342, la vieille querelle du Puy-Saint-Front et des comtes de Périgord recommença, sous la forme adoucie d'un combat de

(1) Ibid, p. 86, 210, 213, 232, 216 et suppl. au rec de tit. etc., p. 80.

(2) Rec. de titr. p. 216 et 214.

(3) Rec. de titr. etc., p. 87.

(4) Ibid., p. 233, 236 et 254.

(5) Arch. nat., reg. du tr. des ch., coté 73, pièce 231.

(6) Supp. au rec. de tit. etc., p. 85.

lettres de chancellerie dont on pourra apprécier la tactique dans le cours de cette histoire ; mais rien ne prouve que la Cité se soit séparée du Puy-Saint-Front, durant cette lutte prolongée jusqu'en 1353, date d'un traité qui semblait donner gain de cause au comte et dans lequel, de même que dans certains actes antérieurs, la Cité intervint comme partie intégrante de la confédération municipale (1). Nous avons en outre la prestation de serment du maire et des consuls, de l'année 1348, et de tous les habitants de la ville et de la Cité, qui promettent d'obéir en tout point aux maire et consuls nouvellement créés (2). Nous avons encore des lettres du sénéchal de Périgord de l'année 1354, par lesquelles il recommande au maire et aux consuls en fonction de tenir la ville et la Cité et leurs fortifications en état de défense (3).

Cependant la guerre avec les Anglais, qui durait déjà depuis longtemps, s'était ranimée plus ardente que jamais, et les habitants de Périgueux, toujours dévoués à la couronne de France, placés comme ils étaient sur le terrain même de la lutte en Guienne, avaient épuisé toutes leurs ressources. Dans cet état de choses, le roi Jean, en 1355, sur la demande du maire et des consuls, s'empressa de leur accorder des troupes à sa solde pour mieux protéger la ville et la Cité, les habitants desdits lieux, leurs biens et leurs bestiaux (4). L'union était donc toujours parfaite. Par malheur, la Cité, placée aux abords de la plaine, ne possédait pas les moyens de résistance dont disposait la ville. Aussi arriva-t-il que l'année suivante, les Anglais s'en emparèrent par escalade. Que fit alors le roi Jean ? Il rendit une ordonnance (mai 1356), par laquelle il déclare que la ville et la Cité resteront toujours unies et qu'aussitôt qu'il aura repris la Cité, il réintégrera le maire et les consuls dans tous leurs anciens droits (5) ; ce qui prouve que les dispositions des deux centres de population étaient toujours les mêmes.

C'est dans cette occurence que la perte de la bataille de Poitiers livra la ville du Puy-Saint Front à elle-même, au milieu de ses

(1) Rec. de titr. etc., p. 265.

(2) Ibid. p. 256.

(3) Ibid. p. 258.

(4) Ibid. p. 292.

(5) Ibid. p. 291.

ennemis, qui la pressaient de toutes parts. Il est évident qu'à partir de l'occupation de la Cité jusqu'au moment où elle fut de nouveau réunie au Puy-St-Front, ce centre de population ne fut plus administré par la municipalité commune ; mais il demeure parfaitement établi que la séparation fut violente et ne fut pas la conséquence de tiraillements intérieurs.

A la suite du traité de Brétigny, le Périgord ayant été cédé à l'Angleterre, le maire et les consuls du Puy-St-Front demandèrent que la Cité leur fût rendue. Le cardinal de Périgord, qui avait trouvé le secret de s'en emparer et de se la faire donner par Charles V, n'étant encore que régent du royaume, voulut s'y opposer (1) ; mais elle leur fut restituée officiellement en 1362 par suite de quoi, peu de jours après, les habitants leur prêtèrent serment et élurent deux consuls qui, conjointement avec le maire et les consuls du Puy-St-Front, reprirent les errements du passé, à la grande satisfaction de tout le monde (2) ; d'où il résulte que la Cité et le Puy-St-Front étaient restés parfaitement d'accord.

Je n'ai pas à en dire davantage pour l'année 1362. Des lettres du prince de Galles, de 1363, constatent que l'union était toujours intime (3). Rien ne permet de douter qu'il n'en fût pas de même en 1364 et 1365, et le livre noir de l'Hôtel-de-Ville de Périgueux (4) nous apprend qu'en 1366, le maire et les consuls exerçaient leur autorité, à la Cité comme au Puy-St-Front. Nous ne savons rien de positif pour les années 1367 et 1368 ; seulement, lorsqu'il fut question, en 1369, de se prononcer contre le traité de Brétigny, la ville et la Cité, par l'entremise du maire et des consuls, agirent avec un tel accord qu'il n'est pas possible d'admettre que ces deux centres de population avaient vécu en mésintelligence en 1367 et 1368 (5).

Ici se termine cette longue querelle qu'on suppose avoir divisé la ville et la Cité. Comme on le voit, pas un acte sérieux ne parle de cette zizanie, qui n'aurait pu avoir pour cause qu'une sotte jalousie ou une rivalité fâcheuse ; tandis que les plus authentiques docu-

---

(1) On lira les détails de cette occupation au cours de l'Histoire du Périgord.

(2) Rec du titr. etc., p. 345.

(3) Ibid. p. 363.

(4) Fol. 12 v°.

(5) Voir mon livre intitulé : *Périgueux et les deux derniers comtes de Périgord*.

ments constatent, pour ainsi dire année par année, que ce défaut d'entente n'exista jamais, et qu'il ne se produisit qu'un désordre passager dans les premières années du XIVe siècle, à la suite d'une conjuration réprimée par le Parlement, désordre qui, s'il avait duré, aurait été fatal à l'un et à l'autre centre, sans bénéfice pour personne que pour les conjurés. Mais examinons la question sous un autre point de vue et voyons si les listes de maires qu'on nous a données, en admettant le fait de la querelle, pourraient être vraies, et si les réglements ne s'opposaient pas formellement à ce que beaucoup de ces prétendus maires pussent exercer les fonctions municipales dans les conditions où on veut qu'ils les aient remplies.

Il n'est pas, à ma connaissance, un seul acte, je ne dirai pas qui constate que la Cité avait le droit de se donner un maire et des consuls, ou seulement des consuls, mais qui laisse soupçonner qu'elle avait essayé de s'arroger ce droit en dehors du traité de 1240, portant qu'un maire et des consuls, ou seulement des consuls, administreront l'université ; et comme avant 1240, il n'y avait de maire et de consuls qu'au Puy-St-Front, il faut bien en conclure que le droit d'avoir un maire et des consuls ou seulement des consuls était, pour la Cité, la conséquence de ce traité et dérivait du droit qu'avait le Puy-St-Front d'en créer avant 1240. Une autre circonstance qui prouve que l'administration de la Cité, avant 1240, ne ressemblait en rien à celle d'une commune organisée municipalement, c'est qu'il est dit, dans ce même traité, que le sceau du Puy-St-Front servira à l'université, et cela parce que la Cité n'avait pas de sceau, comme cela est expressément déclaré dans le compromis passé en 1247 entre le comte, les habitants de la Cité et ceux du Puy-St-Front (1).

Pour compléter ma démonstration, je dois citer encore le commencement et la fin du traité, où nous voyons figurer, d'une part, le chapitre, les clercs, les chevaliers, les damoiseaux et les autres laïques de la Cité ; et, de l'autre, les consuls et la commune du Puy-St-Front. Il demeure donc bien établi qu'officiellement la Cité ne jouissait pas de la faculté d'avoir un maire et des consuls. Or, pour tout homme qui connait un peu les habitudes du moyen-âge, il doit être parfaitement avéré que cette absence de droit est la

(1) Rec. de tit., etc., p. 51.

démonstration la plus irréfragable que la Cité n'aurait pas pu créer régulièrement des maires, pendant plus d'un demi siècle, sans que l'autorité royale ou ceux qui la représentaient ne fussent intervenus afin de savoir en vertu de quel privilège elle procédait à l'élection de ces maires ; et comme nous ne trouvons nulle part trace d'une pareille intervention, il en résulte que, lors même qu'il y aurait eu scission entre la ville et la Cité, cette élection n'aurait pu se faire que subrepticement et n'aurait donné à celui qui aurait été investi des fonctions de maire qu'une autorité purement imaginaire ; mais allons plus loin et voyons si les statuts qui réglementaient les élections permettaient de faire ce qu'on suppose avoir été fait, et si les listes qu'on nous donne ne constatent pas elles-mêmes des impossibilités matérielles.

L'arrêt de 1309, contient dans ses détails les plus importants, la manière dont se faisait l'élection du maire et des consuls ou des consuls seulement. Il n'y a d'omis que quelques points essentiels consignés dans une ancienne copie des statuts en idiome roman, conservée dans les archives de la ville de Périgueux, dont voici la traduction sommaire :

1° La municipalité se compose d'un maire et de sept consuls ou de neuf consuls sans maire ;

2° L'élection doit se faire le dimanche après la St-Martin d'hiver ;

3° Les quatre prud'hommes choisis par les consuls ne doivent pas avoir été consuls depuis trois ans ; trois doivent être du Puy-Saint-Front et un de la Cité. Ils peuvent être élus maire et consuls ;

4° Les huit prud'hommes choisis par les quatre doivent être : six du Puy-St-Front et deux de la Cité ;

5° Si les huit élisent un maire et sept consuls, le maire et six consuls doivent être du Puy-St-Front et un consul seulement de la Cité ; si au lieu d'élire un maire, les huit consuls désignent neuf consuls, sept doivent être du Puy-St-Front et deux de la Cité (1).

Comme on le voit, tout était prévu, tout était réglé avec la plus stricte ponctualité. Est-ce à dire pour cela qu'il ne se commettait jamais d'irrégularités ? C'est ce que je me garderai bien d'affirmer, surtout en présence de l'arrêt de 1309 ; mais entre des irrégularités passagères et la violation systématique de la loi, la distance à par-

(1) Je serais porté à croire que la Cité élisait presque toujours deux consuls.

courir est si grande, surtout à une époque formaliste comme celle qui nous occupe, que, pour y croire, il faudrait des preuves accumulées les unes sur les autres. Cependant, puisque malgré cela on n'a pas hésité à donner deux nomenclatures de maires plus ou moins complètes pour cette période, il faut les examiner ; mais voyons, au préalable, si celle qui les précède et qui contient les noms d'un certain nombre de ceux qui exercèrent ces fonctions depuis le plus anciennement connu jusqu'en 1298, indépendamment des lacunes considérables qu'on y remarque, n'exige pas des rectifications assez importantes. Je les transcris en plaçant les rectifications en face, et je mets en notes mes observations :

Années.	Liste déjà connue.	Rectifications.
—	—	—
1188	Néant.	Néant.
1189	Néant.	Néant.
1190	Néant.	Néant.
1191	Néant.	Néant.
1192	Néant.	Néant.
1193	Néant.	Néant.
1194	Néant.	Néant.
1195	Néant.	Néant.
1196	Néant.	Néant.
1197	Néant.	Néant.
1198	Néant.	Néant.
1199	Néant.	Néant.
1200	Hélie de Valbec.	Néant.
1201	Etienne de Juvenal.	Néant.
1202	Néant.	Néant.
1203	Néant.	Néant.
1204	Hélie Capèle.	N. Chatuel (1).

(1) J'ai établi que le sceau du serment de 1201 était le sceau du maire du Puy-St-Front. L'aigle éployée constituait les armes des Chatuel, comme le prouve cet aigle éployé qu'on a retrouvé sur le tombeau de l'un d'eux (Voir au Musée de Périgueux). Donc le maire de 1201 était un Chatuel, peut-être Geoffroi Chatuel, maire un peu plus tard.

Il n'est pas difficile du reste de concilier les fonctions d'Hélie Capète avec celles de Chatuel. Hélie Valbec aurait été élu en novembre 1200, Etienne Juvenal en novembre 1201, Chatuel en novembre 1203 et Hélie Capète en novembre 1204.

1205	Néant.	Pas de maire, des consuls.
1206	Hélie de Valbec.	Néant.
1207	Néant.	Néant.
1208	Néant.	Pas de maire, des consuls.
1209	Néant.	Néant.
1210	Jean Meymy.	Néant.
1211	Néant.	Néant.
1212	Néant.	Néant.
1213	Guillaume de Clérens.	Pas de maire, des consuls.
1214	Geoffroi Chatuel.	Néant.
1215	Robert Laporte.	Néant.
1216	Itier Dessalles.	Néant.
1217	Néant.	Néant.
1218	Néant.	Arnaud des Vierges.
1219	Antoine des Vierges.	Néant.
1220	Néant.	Guillaume d'Albert.
1221	Néant.	Néant.
1222	Néant.	Guillaume d'Espermont.
1223	Néant.	Néant.
1224	Néant.	Guillaume Brunel.
1225	Néant.	Etienne Dessalles.
1226	Néant.	Un maire et des consuls.
1227	Néant.	Néant.
1228	Néant.	Bernard Blanquet.
1229	Néant.	Néant.
1230	Néant.	Bernard Blanquet.
1231	Pierre Châtuel	Néant.
1232	Néant.	Néant.
1233	Néant.	Un maire et des consuls.
1234	Néant.	Hélie Espes.
1235	Néant.	Néant.
1236	Néant.	Néant.
1237	Néant.	Hélie Espes.
1238	Guillaume de Clerens	Néant.
1239	Néant.	Néant.
1240	Geoffroi Delpech.	Des consuls seulement.
1241	Néant.	Des consuls seulement.

1242	Hélie Espes.	Néant.
1243	Etienne Dessalles.	Néant.
1244	Néant.	Des consuls seulement.
1245	Néant.	Néant.
1246	Néant.	Un maire et des consuls.
1247	Robert Laporte.	Un maire et des consuls.
1248	Hélie de Plague.	Néant.
1249	Jean Meymy	Néant.
1250	Hélie Seguin.	Néant.
1251	Bernard de Juvenal	Hélie de Valber.
1252	Guillaume Laroche.	Néant.
1253	Hélie Dessalles.	Néant.
1254	Raymond de Margat.	Néant.
1255	Deux maires : un au Puy-St-Front non reconnu par la Cité ; l'autre à la Cité non reconnu par le Puy-St-Front.	Pas de preuve ni de vraisemblance.
1256	Néant.	Néant.
1257	Néant.	Néant.
1258	Néant.	Néant.
1259	Néant.	Néant.
1260	Néant.	Néant.
1261	Néant.	Néant.
1262	Néant.	Néant.
1263	Bernard Girard	Néant.
1264	Pierre Blanquet.	Néant.
1265	Néant.	Néant.
1266	Néant.	Des consuls seulement.
1267	Néant.	Néant.
1268	Néant.	Néant.
1269	Néant.	Des consuls seulement.
1270	Néant.	Néant.
1271	Néant	Néant.
1272	Néant.	Néant.
1273	Néant.	Néant.
1274	Néant.	Néant.
1275	Néant.	Néant.
1276	Néant.	Des consuls seulement.

1277	Néant.	Néant.
1278	Jean Meymy.	Néant.
1279	Deux maires dont les noms ne sont pas connus.	Ni preuve ni vraisemblance.
1280	Néant.	Un maire et des consuls.
1281	Néant.	Néant.
1282	Néant.	Un maire et des consuls.
1283	Lambert Laporte	Néant.
1284	Lambert Laporte.	Lambert Laporte.
1285	Guillaume Chatuel.	Néant.
1286	Lambert Laporte.	Des consuls seulement.
1287	Fortanier Biron.	Néant.
1288	Néant.	Un maire et des consuls.
1289	Hugues de Margot.	Néant.
1290	Néant.	Des consuls seulement.
1291	Fortanier Blanquet.	Un maire et des consuls.
1292	Hélie Chatuel.	Un maire et des consuls.
1293	Hugues de Margot.	Guillaume Mesquin.
1294	Fontanier Biron.	Un maire et des consuls.
1295	Hugues de Margot.	Néant.
1296	Hélie Barnabé.	Néant.
1297	Hélie Chatuel.	Néant.
1298	Fortanier Blanquet.	Des consuls seulement.
1299	Guillaume de Barnabé.	Néant (1).

Voici maintenant la double liste et les rectifications telles que j'ai pu les établir :

(1) V. recueil des titres, passim.

ANNÉES.	PUY-SAINT-FRONT.	LA CITÉ.	CE QU'IL Y A DE VRAI.
1300	Hélie de Botas.	Fortanier Blanquet(1)	Celui-ci n'est pas plus admissible que ses deux prédécesseurs.
1301	Hélie Chatuel.	Arnaud de Gelat.	
1302	Guillaume Chatuel.	Pierre des Normands.	J'ai expliqué plus haut comment il ne se pouvait pas qu'il y eut deux maires jusqu'en 1309. Je n'ai donc pas à revenir là-dessus.
1303	Idem.	Hélie de Barnabé.	
1304	Idem.	Pierre des Normands.	
1305	Hélie de Barnabé.	Fortanier Biron.	
1306	Arnaud de Margot.	Idem.	
1307	Hélie Vigier.	Pierre des Normands.	
1308	Arnaud de Cablan.	Idem.	
1309	Lambert Laporte.	Pierre Martin	
1310	Idem.	Idem.	A propos de Pierre Martin, on a dit que le roi avait nommé maire de la Cité Arnaud de Cablan, pour l'année 1310 ; mais que la Cité ne l'avait pas voulu et avait gardé Pierre Martin. On a bien entrevu la vérité ; mais, faute de connaître l'arrêt de 1309 on s'est fourvoyé. Pour rentrer dans le vrai, je me bornerai à renvoyer le lecteur à ce que j'ai dit à propos de cet arrêt.
1311	Idem.	Pierre Vigier.	
1312	Idem.	Pierre Laporte.	
1313	Pierre Laporte.	Arnaud de Cablan.	
1314	Hélie Jancelin.	Hélie Matfred.	
1315	Idem.	Augier de Campniac.	
1316	Augier de Campniac	Bernard de Verdun.	
1317	Bernard de Verdun.	Antoine des Vierges.	

(1) Il y aurait eu deux maires à la Cité, en 1300 : Fortanier Blanquet et Guillaume de Barnabé, par suite de la mort de Fortanier Blanquet ; mais l'un et l'autre avaient été maires de la ville municipale (le Puy-St-Front et la Cité), le premier en 1291 et 1298 ; le second en 1299 ; or, d'après les règlements, formels à cet égard, ils étaient tous les deux bourgeois du Puy-St-Front, sans quoi ils n'auraient pas été maires · d'où il suit qu'il n'est pas admissible que ces deux bourgeois eussent été choisis par les habitants de la Cité, si cette localité, brouillée avec le Puy-St-Front, s'était donné un maire à part ; mais comme on l'a déjà vu, rien ne permet d'admettre cette brouillerie, et l'arrêt de 1309, joint aux faits que nous connaissons, ne veut pas qu'on puisse croire à ces maires.

ANNÉES.	PUY-SAINT-FRONT.	LA CITÉ.	CE QU'IL Y A DE VRAI.
1318	Eymery de Verdun.	Hélie Martin.	Le vrai maire de 1318, comme je l'ai dit, s'appelait Arnaud des Vierges, et il était seul.
1319	Hélie Blanquet.	Antoine des Vierges	Il n'y eut, cette année, que des consuls.
1320	Idem.	Léger Barrière.	Rien de positif sur l'année 1320 ; mais ce que j'ai dit plus haut suffit pour prouver que l'entente régnait.
1321	Hélie de Barnabé.	Idem.	Léger Barrière, seul maire, comme je l'ai dit.
1322	Bernard de Verdun.	Guillaume de Verdun.	Un seul maire. Voir plus haut.
1323	Guillaume de Verdun.	Hélie de Paris.	Ni l'un ni l'autre, pour les raisons ci-dessus et ci-dessous données; mais un maire seulement.
1324	Etienne Blanquet.	Hélie de Barret.	Hélie de Paris, seul maire.
1325	Idem.	Itier de Chastenet.	Un seul maire dont le nom n'a pas été retrouvé.
1326	Itier de Chastenet et Léger Barrière	Guillaume Bulfarina.	Il n'y eut que des consuls. Léger Barrière aurait remplacé, par suite de mort, Itier de Chastenet ; mais Itier de Chastenet ne pouvait être maire tantôt de l'une, tantôt de l'autre des deux localités.
1327	Hélie Jelat.	Léger Barrière.	Toujours les mêmes erreurs. Hélie Jelat ne pouvait pas être maire trois fois de suite, et Léger Barrière tantôt maire de la Cité et tantôt maire du Puy-St-Front. Du reste rien d'authentique pour ces trois années, sinon le fait d'un seul maire par an.
1328	Idem.	Pierre Laporte.	
1329	Idem.	Guillaume Brun.	

ANNÉES.	PUY-SAINT-FRONT.	LA CITÉ.	OBSERVATIONS.
1330	Guillaume Brun.	Guillaume de Labrousse.	Un seul maire appelé Guillaume de bruce ou de Labrousse.
1331	Guillaume de Labrousse.	Hélie de Barnabé	Ni l'un ni l'autre, mais un seul maire, comme cela découle des documents de 1332.
1332	Hélie de Barnabé.	Pierre Laporte.	Le seul maire pour la ville et la Cité était Pierre Laporte.
1333	Eymerie de Comte.	Bernard Vigier.	Ni l'un ni l'autre ; un seul maire.
1334	On prétend qu'il y eut trois maires en 1334 : deux au Puy-St-Front, un à la Cité.		Rien ne le prouve ; il y eut un nuage, mais les deux villes rivales ne luttèrent pas entre elles. On donne Itier Chatuel pour maire de la Cité mais les Chatuel étaient bourgeois.
1335	Jean de Meymy.	Eymery de Comte.	Cette année il n'y eut que des consuls.
1336	Idem.	Hélie de Malfred.	Il n'y eut encore que des consuls.
1337	Pierre Laporte.	Idem.	Pas d'acte ; mais rien ne permet de supposer un changement.
1338	Idem.	Jean de Meymy.	Comme pour l'année précédente.
1339	Hélie Dupuy.	Bernard Dupuy.	Comme pour les années précédentes. Je répète en outre que les bourgeois du Puy-St-Front ne pouvaient pas être maires de la Cité et réciproquement. On ajoute qu'il y eut trois maires cette année là.
1340	Hélie Seguy.	Hélie de Pleyssac.	Un seul maire dont le nom n'est pas donné.
1341	Idem.	Etienne de Pleyssac.	Un seul maire. J'ai déjà fait observer que le même individu ne pouvait pas être maire deux fois de suite.

ANNÉE.	PUY-SAINT-FRONT.	LA CITÉ.	OBSERVATIONS.
1342	Hélie Seguy.	Raymond Martin.	Un seul maire, dont on ne dit pas le nom.
1343	Idem.	Guillaume Dupuy.	Comme l'année précédente.
1344	Guillaume Dupuy.	Raymond Martin.	Idem.
1345	Jean de Meymy.	Hélie Séguy le jeune.	Idem.
1346	Encore trois maires; ce qui n'empêche pas qu'on donne Jean de Meymy pour le Puy-St-Front et Hélie Séguy le jeune pour la Cité.		Idem.
1347	Jean de Meymy.	Hélie Séguy le jeune.	Idem.
1348	Hélie Séguy le vieux.	Arnaud Roussel.	Idem. Les populations des deux centres lui prêtent serment.
1349	Arnaud Roussel.	Hélie Fabry.	Un seul maire.
1350	Arnaud de Jaude.	Raymond Martin.	Comme l'année précédente.
1351	Jean de Meymi.	Pierre Chastenet.	Idem.
1352	Raymond Laporte.	Fronton Chatuel.	Idem.
1353	Raymond Laporte.	Lambert de Boniface.	Raymond Laporte pour la ville et la Cité.
1354	Fortanier de Landrie.	Idem.	Un maire pour la ville et la Cité.
1355	Fourton de Landrie.	Etienne du Pleyssac.	Comme l'année précédente.
1356	Fortanier de Landrie.	Pierre Martin.	Comme l'année précédente. Je dois faire observer que la Cité fut prise par les Anglais en 1356, par le cardinal de Périgord en 1357 et qu'elle ne fut rendue au maire et consuls qu'en 1362.
1357	Idem.	Lambert de Boniface	Idem.
1358	Jean de Meymy.	Armand de Jaude.	Idem.
1359	Arnaud de Jaude.	Etienne du Pleyssac.	Idem.
1360	Idem.	Néant.	Idem.
1361	Idem.	Néant.	Idem.

ANNÉES.	PUY-SAINT-FRONT.	LA CITÉ.	CE QU'IL Y A DE VRAI.
1362	Pierre de Chastenet.	Néant.	Le vrai et seul maire fut Pierre de Chastenet.
1363	Hélie Faure.	Néant.	Un seul maire.
1364	Lambert de Boniface.	Néant.	Idem
1365	Arnaud de Jaude.	Néant.	Idem.
1366	Hélie de Barrant.	Etienne du Pleyssac.	Idem.
1367	Idem.	Jean de Brusany.	Idem.
1368	Idem.	Lambert de Boniface.	Idem.

On prétend que Hélie de Barraut fut élu, trois fois de suite, parce qu'il s'opposait à l'élection des maires de la Cité, et qu'il réussit.

Je n'ai pas besoin de revenir sur ce qui précède pour établir que ce qu'on avance n'est qu'une supposition sans fondement et que le bon accord qui ne cessa de régner qu'à de très faibles intervalles, de même que les règlements, ne permettent pas d'admettre cette supposition. Une dernière observation qui n'est pas la moins importante :

En admettant que la Cité eut voulu s'administrer municipalement, comment l'aurait-elle pu autrement qu'en faisant reconnaitre son droit par l'autorité supérieure, soit par le roi de France, soit par le roi duc ? Or, nous n'avons pas trace d'une pareille reconnaissance ; donc ces maires et consuls de la Cité n'auraient été que de simples fonctionnaires de parade sans la moindre autorité. Cela est si vrai que, dans cet espace de 72 ans, nous ne trouvons pas un seul acte émané d'eux en opposition aux actes de ceux du Puy-St-Front. Concluons par conséquent de cette absence d'actes que si parfois la population capricieuse de la Cité voulut se donner l'innocent plaisir d'avoir un maire, ce maire dut se borner à porter ce titre au milieu de ses concitoyens, sans autrement exercer aucune fonction. Du reste cela parait avoir frappé M. Alfred de Froidefond, qui vient de publier une liste des maires de Périgueux (Annales agricoles ; 1873). En donnant cette liste, il a eu soin de faire ses réserves au sujet des maires de la Cité. Je dois faire observer cependant qu'il me paraît être dans l'erreur quand il dit que le nombre des consuls fut de douze, jusqu'en 1416. Il semble au contraire que ce nombre varia plusieurs fois dans cet espace de temps.

FIN DU TROISIÈME ET DERNIER VOLUME.

TABLE DES MATIÈRES

LIVRE VII.

LIVRE VIII.

APPENDICE.

PÉRIGUEUX. — IMPRIMERIE DELAGE ET JOUCLA, ROUTE DE BORDEAUX.

www.ingramcontent.com/pod-product-compliance
Lightning Source LLC
Chambersburg PA
CBHW052346090426
42739CB00011B/2330

* 9 7 8 2 0 1 2 5 5 3 8 8 0 *